审计

AUDIT

主　编　谭湘
副主编　墨沈微　林冬平　黄佳蕾

·广州·

版权所有　翻印必究

图书在版编目（CIP）数据

审计／谭湘主编；墨沈微，林冬平，黄佳蕾副主编. —广州：中山大学出版社，2020.12

ISBN 978-7-306-07050-0

Ⅰ.①审…　Ⅱ.①谭…②墨…③林…④黄…　Ⅲ.①审计学—高等学校—教材　Ⅳ.①F239.0

中国版本图书馆 CIP 数据核字（2020）第 215422 号

出 版 人：	王天琪
策划编辑：	金继伟
责任编辑：	黄浩佳
封面设计：	曾　斌
责任校对：	唐善军
责任技编：	何雅涛
出版发行：	中山大学出版社
电　　话：	编辑部 020-84111996，84111997，84113349，84110779
	发行部 020-84111998，84111981，84111160
地　　址：	广州市新港西路 135 号
邮　　编：	510275　传　真：020-84036565
网　　址：	http://www.zsup.com.cn　E-mail：zdcbs@mail.sysu.edu.cn
印 刷 者：	广州市友盛彩印有限公司
规　　格：	787mm×1092mm　1/16　14.5 印张　344 千字
版次印次：	2020 年 12 月第 1 版　2020 年 12 月第 1 次印刷
定　　价：	45.00 元

如发现本书因印装质量影响阅读，请与出版社发行部联系调换

前 言

审计作为一种监督机制，其实践活动历史悠久，但人们对审计的定义却众说纷纭。公认具有代表性且被广泛引用的是美国会计学会1972年在其颁布的《基本审计概念公告》中给出的审计定义，即"审计是指为了查明有关经济活动和经济现象的认定与所制定标准之间的一致程度，而客观地收集和评估证据，并将结果传递给有利害关系的使用者的系统过程"。在我国，一般把审计概念界定为：由国家授权或接受委托的专职机构和人员，依照国家法规、审计准则和会计理论，运用专门的方法，对被审计单位的财政、财务收支、经营管理活动及其相关资料的真实性、正确性、合规性、合法性、效益性进行审查和监督，评价经济责任，鉴证经济业务，用以维护财经法纪、改善经营管理、提高经济效益的一项独立性的经济监督活动。因此，某些时候，审计又被称为"经济警察"。

审计职能是审计自身固有的，但并不是一成不变的，它是随着社会经济的发展，经济关系的变化，审计对象的扩大，人类认识能力的提高而不断加深和扩展的。知识经济时代，由于生产的知识化、资产的无形化和全球经济一体化，加之审计工作中不确定因素的增多，都要求审计人员建立科学合理的知识结构与之相适应。

学好审计知识，能使学生更准确地把握审计这一客观事物，确定审计任务，有效地发挥审计的作用并更好地指导审计实践。因此，学好审计知识，是承接审计工作的必要前提。

学习审计，首先需要选择一本合适的教材，而为学习者提供适用的教材，是所有审计教育工作者的永恒追求。本教材作者群在大量吸收同行成功经验的基础上，精心编写了本书。对于目前正推行的营改增，本书及时进行了更新，以便学习者紧跟形势，学以致用。

本书主要是以应用型人才培养为目标的高职高专层次会计专业的学子编写；同时，由于内容偏重应用环节，也适于以应用型人才培养为主的普通民办本科院校、独立学院的会计学、财务管理专业和其他经济管理类专业学生使用；还可作为高等教育自学考试教材和参考书，以及从事经济管理工作的企业内部审计人员学习和提升之用。

本书由广东青年职业学院、广州软件学院、广州商学院等高校联合组编，谭湘担任主编,墨沈微、林冬平、黄佳蕾担任副主编。除了主编、副主编,其他主要撰稿人还有毛慧华、张敏、周红梅、杨玉国、骆子恒、续丽媛、朱甜甜、董肖群、陈炳华、李小军等。超过 20 名成员的作者群中既有高校会计教育工作者,也有多名上市公司总会计师。虽然我们殚精竭虑,但书中仍难免存在许多不足之处,有望读者批评指正。

编　者
2020 年 8 月

目 录

第一章 概 论／1
    第一节 审计的产生与发展／2
    第二节 审计分类与审计职能／7
    第三节 审计机构与人员／12
    第四节 审计目标／16

第二章 审计准则、审计标准与审计职业道德／19
    第一节 审计准则／20
    第二节 审计标准／22
    第三节 审计职业道德／26

第三章 审计程序／27
    第一节 审计程序的意义／28
    第二节 审计准备／29
    第三节 审计实施／36
    第四节 审计报告／46

第四章 审计方法／69
    第一节 审计方法的意义／70
    第二节 审计实施的一般方法／71
    第三节 审计实施的技术方法／75
    第四节 审计实施方法的选用／84

第五章　审计证据与审计工作底稿／86
　第一节　审计证据／87
　第二节　审计工作底稿／91

第六章　内部控制制度与审计风险／98
　第一节　内部控制制度／99
　第二节　审计风险／105

第七章　货币资金审计／108
　第一节　货币资金审计的目的／109
　第二节　货币资金内控制度测试／109
　第三节　货币资金审计工作底稿／111
　第四节　货币资金审计案例／126

第八章　存货审计／128
　第一节　存货审计的目的／129
　第二节　存货内控制度测试／129
　第三节　存货审计工作底稿／132
　第四节　存货审计案例／150

第九章　固定资产与在建工程审计／160
　第一节　固定资产与在建工程审计的目的／161
　第二节　固定资产与在建工程内控制度测试／161

第三节　固定资产与在建工程审计工作底稿／163
　　第四节　固定资产与在建工程审计案例／176

第十章　无形资产审计／182
　　第一节　无形资产审计的目的／183
　　第二节　无形资产内控制度测试／183
　　第三节　无形资产审计工作底稿／185

第十一章　负债审计／194
　　第一节　负债审计的目的／195
　　第二节　负债内控制度测试／195
　　第三节　负债审计工作底稿／196

第十二章　所有者权益审计／209
　　第一节　所有者权益审计的目的／210
　　第二节　所有者权益内控制度测试／210
　　第三节　所有者权益审计工作底稿／211

参考文献／221

第一章

概 论

第一节 审计的产生与发展

一、审计产生的动因

审计起源的前提条件是经济责任关系的存在。经济责任是当财产管理制度的发展出现了财产所有权和管理权分离时,财产所有者将财产的经营管理权委托给财产管理者而形成的一种委托和受托关系。在这种关系中,财产所有者既有监督和审查受托管理者管理财产收支情况和结果的权利,也有解除受托者经济责任的义务;财产管理者既有要求对其收支行为和结果进行审计,以解除其责任的权利,又有忠实地管理受托财产并报告管理结果的义务。所以,对于财产管理者的经济责任,财产所有者必然要求具有独立性的第三者加以审查,以维护自己的正当权益和解除财产管理者的责任。

二、国家审计的产生与发展

(一)中国国家审计

(1) 早在距今约3000年前的西周时期,周王在"天官大宰"系统下配备了带有审计职能的下大夫官职——宰夫。据《周礼·天官·宰夫》记载:"宰夫之职,掌治朝之法,以正王及三公、六卿、大夫群吏之位,掌其禁令。"

(2) 春秋战国时期,国家审计工作由丞相、御使、尚书等官兼任,在两个方面取得了突出的成就:第一,《管子》提出了"明法审数"这一古老而又著名的审计原则;第二,统治者制定了有关的审计处理法规,这些法规集中体现在《法经》中。

(3) 秦汉时期,御使监察业务中的审计工作,主要有两大类型:

一是会计账簿审计。包括主持审理上计报告和审查皇室所有的会计账簿,即"御史察计簿,疑非实者,按之,使真伪毋相乱"。

二是实施就地审计,即监理诸郡,如自秦汉始兴御史巡察地方各级官府的举动。

(4) 三国两晋南北朝时期,各政权为了自身的生存和发展,大都采取了一些政治和经济的改革措施,使国家审计在和平与安定的间隙中取得了重大的突破,提高、充实并丰富了中国审计制度,其主要标志是出现了专职审计机构——比部。比部独立于财计部门,被审计史学家一致称颂为中国审计史上的一座里程碑。

作为审计机构的比部,源于三国曹魏时期的比部曹。据《晋书·职官制》记载:"至魏,尚书郎有殿中、吏部、驾部、金部……比部……度支、库部……三公、仓部、民曹……凡二十三郎。"青龙二年(234年),增都官、骑兵二曹,合二十五曹郎,比部有尚书郎一人。

(5) 唐政权为了加强中央集权,刑部设刑部、都官、比部、司门四司,总领全国"刑法及徒隶、勾复、关禁之政令"。其中，比部是负责有关审计事宜的专业部门，负责审查由基层职能部门和地方官府定期报送的会计报告。据《唐六典》记载："诸司百僚俸料、公廨、赃赎。戍上、中、下为差。凡京司有别借食本。每季一申省，……比部总勾复之。"即每季的会计报告要上报尚书省，由比部进行审核。

唐代在发展国家审计的过程中，开始制定一些审计制度。这些制度详细规定了各种审计程序、送审时间和审计处理要求等重要事项。据《新唐书·百官志》记载，当时吏部对所有官吏，视其职掌不同，分别立有不同的考功标准，其中对审计人员提出了"明于勘复，稽失无隐，为勾检之最"的准则。

"明于勘复"，是指应严格审查有关的会计账籍，保证会计资料的正确性、可靠性和客观性；"稽失无隐"，不仅指比部官员应充分地、公正地揭露错误弊端，而且要求比部官员自身应客观公正、刚直不阿，不得因私隐匿事实真相。

（6）宋朝审计制度的发展大致经历了两个交替嬗递的历史阶段：第一阶段从宋初至元丰改制，主要采用隶属于财政系统的行政模式国家审计制度，缺乏独立性和权威性成为这一时期最为鲜明的特征；第二阶段从元丰改制至宋亡，审计组织又划归比部主管，采用隶属于司法系统的行政模式国家审计制度。

（7）元明清三代，尽管审计机构隶属于监察系统——御史台和都察院，但审计工作维持了独立性和权威性。其机构之庞大，审计范围之广，是以前诸代所不可比拟的。

清政府为了延缓王朝灭亡的进程，对国家审计制度也尝试着进行了改良。他们一方面参照国外，特别是日本的国家审计模式，同时借鉴宋代审计机构的命名方式，在中央设置独立于行政招待系统、并与内阁平等的审计院。

（8）从1912年辛亥革命到1949年中华人民共和国成立，北洋军阀政府和国民党南京政府在审计体制建设方面，先后设置了审计处、审计院（北京政府时期）、审计局、监察院审计科（司）、审计院（南京政府时期）、监察院审计部，并相继制定了一系列审计法规。

（9）1949年10月至1983年8月的34年间，中华人民共和国一直未设立独立的政府审计机关，对国家财政收支的监督工作主要由财政部门内部的监察机构完成。1982年12月颁布的《中华人民共和国宪法》规定了中国实行独立的审计监督制度。1983年9月，中华人民共和国审计署成立，县级以上地方各级人民政府也相继设立审计机关，审计工作在全国范围内逐步展开。1994年8月31日，《中华人民共和国审计法》正式颁布，自1995年1月1日起施行。2006年，根据经济发展的需要对《中华人民共和国审计法》进行了修订，自2006年6月1日起施行。

（二）西方国家审计

西方国家的国家审计，历史悠久且内容丰富。据史书记载，早在奴隶制度下的古埃及、古罗马和古希腊时代就有了审计机构和国家审计的事实。例如，法国在资产阶级大革命前就设有审计厅；在资产阶级大革命后，拿破仑一世创建的审计法院至今仍是法国的最高审计机构。西方大多数国家在议会下设有专门审计机构，由议会授权对政府及公营企事业单位财政收支进行审计监督。美国虽然只有200多年的历史，但政府重视管理，经济发展迅速。美国早期没有独立的财政监督机构，只在财政部设有审计官进行审查。1919年美国国会参、众两院建议组成预算特别委员会，把政府账目的审计从财政部门独立出来。1921年颁布了《预算和会计法》，并根据该法建立了美国的最高审计机关——审计总局。审计总局除中央情报局和总统办公室不能审查外，凡与公共开支有关的事项，都有权审查。

三、社会审计的产生与发展

（一）社会审计的产生

社会审计又称为民间审计、注册会计师审计。注册会计师审计起源于16世纪的意大利，当时地中海沿岸的商业城市已经比较繁华，而威尼斯是地中海沿岸国家航海贸易最为发达的地区，是东西方贸易的枢纽，商业经营规模不断扩大。由于单个的业主难以满足投入巨额资金的需求，为了筹集所需的大量资金，合伙制企业便应运而生。合伙经营方式不仅提出了会计主体的概念，促进了复式簿记在意大利的产生和发展，也产生了对注册会计师审计的最初需求。尽管当时合伙制企业的合伙人都是出资者，但是有的合伙人参与企业的经营管理，有的合伙人则不参与企业的经营管理，出现了所有权与经营权的分离。那些参与经营管理的合伙人有责任向不参与经营管理的合伙人证明合伙契约得到了认真履行，利润的计算与分配是正确、合理的，以保证合伙人有足够的资金来源，使企业得以持续经营下去。同时，不参与经营管理的合伙人也希望监督企业经营情况，及时了解企业的财务状况。因此，在客观上都希望有一个与任何一方均无利害关系的第三者能对合伙企业进行监督、检查，这就需要聘请会计专家来担任查账和公证的工作。在16世纪意大利的商业城市中出现了一批具有良好的会计知识、专门从事这种查账和公证工作的专业人员，他们所进行的查账和公证，可以说是注册会计师审计的起源。随着这批专业人员人数的增多，他们于1581年在威尼斯创立了威尼斯会计协会。其后，米兰等城市的职业会计师也成立了类似的组织。

（二）社会审计的传播与发展

1. 西方的社会审计

注册会计师审计虽然起源于意大利，但它对后来注册会计师审计事业的发展影响不大。英国在创立和传播注册会计师审计职业的过程中发挥了重要作用。

18世纪下半叶，英国的资本主义经济得到了迅速发展，生产的社会化程度大大提高，企业的所有权与经营权开始分离。企业主希望有外部的会计师来检查他们所雇用的管理人员，特别是会计人员是否存在贪污、盗窃和其他舞弊行为，于是英国出现了第一批以查账为职业的独立会计师。他们受企业主委托，对企业会计账目进行逐笔检查，目的是查错防弊，检查结果也只向企业主报告。因为企业自行决定是否聘请独立会计师进行查账，所以此时的独立审计尚为任意审计。

随着股份有限公司的兴起，证券市场上潜在的投资人同样十分关心公司的经营情况，以便决定是否购买公司的股票。同时，由于金融资本对产业资本的逐步渗透，增加了债权人的风险，他们也非常重视公司的生产经营情况，以便做出是否继续贷款或者是否索偿债务的决定。而公司的经营成果和财务状况，只能通过公司提供的会计报表来反映。因此，在客观上产生了由独立会计师对公司会计报表进行审计，以保证会计报表真实可靠的需求。值得一提的是，注册会计师审计产生的"催产剂"是1721年英国的"南海公司事件"。当时的"南海公司"以虚假的会计信息诱骗投资人上当，其股票价格一时扶摇直上。但好景不长，"南海公司"最终未能逃脱破产倒闭的厄运，使股东和债权人损失惨重。英国议会聘请会计师查尔斯·斯耐尔对"南海公司事件"进行审计。斯耐尔以"会计师"名义出具了"查账报告书"，从而宣告了独立会计师——注册会计师的诞生。

为了监督经营者的经营管理，防止其营私舞弊，同时保护投资者、债权人利益，避免"南海公司事件"重演，英国政府于1844年颁布了《公司法》，规定股份公司必须设监察人，负责审查公司的账目。1845年，又对《公司法》进行了修订，规定股份公司必须经董事以外的人员审计。于是，独立会计师业务得到迅速发展，独立会计师人数越来越多。此后，英国政府对一批精通会计业务、熟悉查账知识的独立会计师进行了资格确认。1853年，苏格兰爱丁堡创立了第一个注册会计师的专业团体——爱丁堡会计师协会。该协会的成立标志着注册会计师职业的诞生。1862年，英国《公司法》又确定注册会计师为法定的破产清算人，奠定了注册会计师审计的法律地位。

20世纪初开始，全球经济发展重心逐步由欧洲转向美国，自此，美国的注册会计师审计也得到了迅速发展，它对注册会计师职业在全球的迅速发展发挥了重要作用。在美国，南北战争结束后出现了一些民间会计组织，如纽约的会计学会。该学会在1882年刚成立时称为会计师和簿记师协会，为会计人员提供教育等服务。1887年，美国公共会计师协会成立，1916年该协会改组为美国注册会计师协会，后来成为世界上最大的注册会计师职业团体。注册会计师审计逐步渗透到社会经济领域的不同层面。

第二次世界大战以后，国际资本的流动带动了注册会计师审计的跨国界发展，形成了一大批国际会计师事务所。随着会计师事务所规模的扩大，产生了"八大"国际会计师事务所，20世纪80年代末合并为"六大"，之后又合并为"五大"。2001年，美国爆发了安然公司会计造假丑闻。安然公司在清盘时，不得不对其编造的会计报表进行修正，将近三年来的利润额削减20%，约5.86亿美元。安然公司作为美国的能源巨头，在追求高速增长的狂热中利用会计准则的不完善，进行表外融资的游戏，并通过关联交易操纵利润。作为出具审计报告的安达信会计师事务所，也因涉嫌舞弊和销毁证据受到美国司法部门的调查，之后宣布关闭，世界各地的安达信成员所也纷纷与其他国际会计师事务所合并。因此，时至今日，尚有"四大"国际会计师事务所：普华永道、安永、毕马威、德勤。

2. 中国的社会审计

中国注册会计师审计的历史比西方国家要短得多。旧中国的注册会计师审计始于辛亥革命之后，当时一批爱国会计学者鉴于外国注册会计师包揽我国注册会计师业务的现实，为了维护民族利益与尊严，他们积极倡导创建中国的注册会计师事业。1918年9月，北洋政府农商部颁布了我国第一部注册会计师法规——《会计师暂行章程》，并于同年批准谢霖为中国第一位注册会计师，谢霖创办的中国第一家会计师事务所——正则会计师事务所也获批准成立。此后，又逐步批准了一批注册会计师，建立了一批会计师事务所。

新中国成立初期，注册会计师审计在经济恢复工作中发挥了积极作用。政府聘用注册会计师，依法对工商企业查账，这在当时对平抑物价、保证国家税收、争取国家财政经济状况好转做出了突出贡献。但后来由于推行苏联高度集中的计划经济模式，中国的注册会计师审计便悄然退出了经济舞台。

1980年12月14日，财政部颁布了《中华人民共和国中外合资经营企业所得税法实施细则》，规定外资企业会计报表要由注册会计师进行审计，这为恢复我国注册会计师制度提供了法律依据。1980年12月23日，财政部发布《关于成立会计顾问处的暂行规定》，标志着我国注册会计师行业开始复苏。1981年1月1日，上海会计师事务所宣告成立，成为新中国第一家由财政部批准独立承办注册会计师业务的会计师事务所。1988年11月15日，中国注册会计师协会正式成立。1993年10月31日，八届全国人大常委会第四次会议审议通过了《中华人民共和国注册会计师法》，自1994年1月1日起实施。在国家法律、法规的规范下，我国注册会计师行业得到快速发展。

四、内部审计的产生与发展

内部审计与政府审计几乎同时出现，也是萌芽于奴隶社会时期。当时的内部审计与政府审计很难划分清楚。我国早期的皇家审计，西方国家的庄园审计、寺院审计均属于内部审计范畴。

20世纪，西方国家出现了近代内部审计。第二次世界大战前后，美、英等资本主义国家的经济得到迅速发展，自由竞争必然引起生产集中，生产和资本高度集中，自然而然走向垄断。企业规模急剧扩大，托拉斯、辛迪加、康采恩等垄断组织大量出现。例如，1901年美国银行家摩根创立的钢铁公司除控制钢铁企业外，还拥有石油、煤炭、交通运输等多家企业，1907年雇佣职工多达21万人。这些巨型企业的分支机构遍布多地，管理当局就设立专门机构对分支机构的经营业绩进行独立的内部审计监督。到1941年，内部审计有了一定的发展，内部审计师协会在美国纽约创建了，后来发展成为国际性的内部审计组织，使内部审计成为一支社会力量，且有了自身的理论体系，由此揭开现代内部审计的发展序幕，为推动内部审计事业的发展做出了巨大贡献。如今，西方国家的内部审计已成为企业单位内部经济运行的一种重要约束机制，内部审计师是一种较成熟的职业。

我国现代内部审计是伴随着政府审计的恢复和重建而产生并发展起来的。1983年，我国在恢复国家审计监督制度的同时，审计署开始筹划我国内部审计工作，培训内部审计人员并选择重点企业进行试点。1985年，国务院发布了《内部审计暂行办法》，审计署根据该规定，公布了《关于内部审计工作的若干规定》；1987年4月，中国内部审计学会在北京正式成立，开展内部审计的学术研究活动，同年年底，学会以团体会员加入国际内部审计师协会；1995年7月，审计署根据《审计法》有关规定颁布了《关于内部审计工作的规定》。经过20多年的发展，目前，我国很多政府部门、企事业单位均设置了内部审计机构，实行内部审计制度。内部审计在强化内部控制、深化企业改革、建立现代企业制度等方面发挥着重要作用。

五、审计的定义

"审"为审查；"计"为会计、计算。"审""计"连在一起，即为审查会计资料。审计定义因各国审计理论学者和实务工作者的不同认知而存在不同表述，美国会计学会（AAA）于1973年所下定义为："审计是一个系统化过程，即通过客观地获取和评价有关经济活动与事项认定的证据，以证实这些认定与既定标准的相符程度，并将结果传达给有关使用者"。我国对审计的定义为："审计是由专职机构和人员，依法对被审单位的财政、财务收支及其有关经济活动的真实性、合法性、合规性和效益性进行审查，评价经济责任，用以维护财经法纪，改善经营管理，提高经济效益的一项独立性的经济监督活动。"本书采用我国的审计定义。

第二节 审计分类与审计职能

一、审计分类

审计可以按照各种标准划分为不同的类别。

（一）按审计执行主体分类

1. 政府审计

政府审计是指由国家各级政府审计机关依法对被审单位的财政、财务收支和经济效益所实施的审计，在我国一般被称为国家审计。

我国国家审计机关包括国务院设置的审计署及其派出机构和各级地方人民政府设置的审计厅（局）两个层次。国家审计机关依法独立行使审计监督权，对国务院各部门和地方人民政府、国家财政金融机构、国有企事业单位以及其他拥有国有资产的单位的财政、财务收支和经济效益进行审计监督。

政府审计进一步可分为政府财政收支审计和国有企业审计。其中，政府财政收支审计是指对与各级政府财政收支有关的机关、事业单位的财政收支和会计资料进行审计，监督检查其财政收支及公共资金的收支、运用情况；国有企业审计是指对国家拥有、控制或经营的企业进行财务或管理上的审计。

政府审计具有法律赋予的履行审计监督职责的强制性。

2. **内部审计**

内部审计是由企事业单位内部独立、专职的审计机构和人员对本单位的财务收支和经济活动实施的审计。

我国的内部审计有国有单位内部审计和企事业单位内部审计两种形式，审计的结果都是向本单位主要负责人汇报，有明显的内向服务性。内部审计实际上是最高管理部门实施的对下属组织的控制和监督，是管理职能的一部分。其目的在于帮助本单位健全内部控制，改善经营管理，提高经济效益。

需要注意的是，由于内部审计是由单位内部人员完成的，其独立性相对较弱。

3. **注册会计师审计**

注册会计师审计是指由经政府有关部门审核批准的注册会计师组成的会计师事务所进行的审计，也叫独立审计、民间审计、社会审计。注册会计师审计是由注册会计师受托有偿进行的，会计师事务所不隶属于任何机构，自收自支、独立核算、自负盈亏、依法纳税，具有法人资格，所以在业务上具有较强的独立性、客观性和公正性。

现代审计理论的产生发展及审计方法的变革基本围绕注册会计师审计展开。

（二）按审计内容分类

1. **财务报表审计**

财务报表审计是指审查企业编制的整套财务报表（资产负债表、利润表、现金流量表及报表附注），以确定报表信息是否符合既定标准的过程。既定标准是指一般公认的会计准则，具体到我国而言，包括《企业会计准则》《企业会计制度》和其他相关财务会计法规。

财务报表审计具有以下特点：审计主体通常为注册会计师；审计的依据是有关法规和独立审计准则；审计对象是被审计单位管理当局对其财务状况、经营成果和现金流量在会计报表中的表述；审计的判断标准是一般公认会计原则；审计的结果以报告形式表达；审计内容包括报表形式上和内容上的审查。

财务报表审计是现代审计中理论最完备、方法最先进的审计方式。

2. **合规审计**

合规审计是指对一个单位的财务或经营活动收集并评价证据，以确定其是否按照特定标准执行。合规审计在政府审计中的应用最为广泛，如我国开展的财政法纪审计就是一种典型的合规审计，其判断标准是国家现金管理规定、银行结算规定、成本开支范围、税法规定等；其目的是检查财经纪律执行情况，揭露并打击违法乱纪行为，维护财经法规的严肃性。

合规审计的报告通常递交给被审计单位的上级主管部门，其信息使用者主要是制定相关法律、规则和规定的管理当局。

3. 绩效审计

绩效审计也称经营审计或管理审计。绩效审计的目的是为了评价某个组织的经济活动在业务、经营、管理方面的业绩，找出存在的问题并提出改进建议。其独立性要求不像财务报表审计那么高，内部审计人员、政府审计人员或独立的注册会计师都可以执行绩效审计。

绩效审计的用户通常是被审计单位管理当局，其审计报告很少被第三方利用。在一定程度而言，绩效审计接近于管理咨询。

（三）按审计工作进行的时间分类

1. 事前审计

事前审计是指在经济业务发生之前所进行的审计，由审计人员对审计单位的计划、预算和有关决策预先进行审查。如建设项目计划的成本预算、预定进度、规格质量等审查；固定资产投资决策的可行性审查；经济合同的签订审查；经营、投资方案的可行性审查；等等。

2. 事中审计

事中审计是指在计划、预算、合同或投资项目招待过程中对所发生的经济活动进行的审计。例如：费用预算、消耗定额执行过程的审计，基本建设施工阶段的审计。这种审计的优点是随时发现错误和问题，随时纠正并控制，有较大的效益性和针对性。

3. 事后审计

事后审计是指经济业务发生以后，对被审计单位的账目进行的审计。如会计期间结束或基建工程竣工决算，以及大多数的财经法纪、干部离任审计都属于这类审计。

（四）按审计的范围分类

1. 全面审计

全面审计是指对被审计单位某一时期的财政、财务收支和全部经济活动所进行的审计。全面审计完全按照会计核算的完整方法体系，对年度全部经济业务、财务管理制度执行情况都进行审查，如查核全部记账凭证及其所附原始凭证，查核日记账和分类账，盘点库存现金、银行存款、库存证券、库存材料、产品，核对债权债务往来账款等，以确证其实存数。全面审计的优点是受审范围广泛，审查详细彻底，有利于全面评价被审计单位的工作效果，但工作量较大，费时费力。全面审计适用于规模较小的经济单位或者说必需全面清查的重大案件。

2. 局部审计

局部审计也称专题审计，是指对部分会计资料及其反映的经济活动进行的审计。这类审计一般有特定目的、范围、时间，它所审查的内容只限于其特定的部分经济活动或局部内容而有重点地进行的。它具有针对性强、效率高的优点，但对被审计单位的评价也只是局部的，审计工作只要达到预定目的就可以宣告结束。

(五) 按审计是否确定时间分类

1. 定期审计

定期审计是指审计机构根据事前制定的审计工作计划中的审计对象、时间、范围和方式等所进行的审计,定期审计一般在年度终结后进行。

2. 不定期审计

不定期审计是指不确定审计时间而临时进行的审计,这类审计一般都是由于特殊需要或临时任务而进行的非计划内审计。如发现某单位或个人有违反财经法纪行为,由审计机构出其不意地进行突击性审计;又如受有关单位委托对某项案件进行专案审查;等等。由于是计划外的突击性的或专题性的,所以这类审计预先不向被审计单位发出审计通知,目的是防止被审计单位或个人对其违法行为有时间掩盖或弥补。该审计一般适用于货币资金审核。

(六) 按审计工作地点分类

1. 就地审计

就地审计是指由审计机构派出审计人员直接到被审计单位进行的现场审计。这类审计一般适用于经济活动频繁,审计内容较多,有些项目需要实地审查才能确定问题性质的审计对象。如专案审计就要就地进行。

2. 报送审计

报送审计是指被审计单位按照审计机构的要求,将需要审查的预算计划、经济合同、会计凭证账簿、报表等资料,按照规定的时间送达审计机构进行的审计。这种审计形式时间短,工作方便,适用于对经济业务较少的单位和事业单位的审计。

(七) 按审计工作是否具有强制性分类

1. 强制审计

强制审计是指审计机构根据有关的法律规定,不论被审计单位是否愿意,所进行的强制性审计。

2. 委托审计

委托审计是指审计机构接受委托人的委托,对被审计单位所进行的审计。由于这类审计是根据委托人的要求而进行的,审计机构接受委托后有权依法对被审计单位进行审计,所以实质上它也具有强制性质。如上级审计机构将其审计范围内的事项授权委托下级审计机构进行的审计,审计机构接受社会或民间委托的审计,都是委托审计。

二、审计职能

审计职能是指审计能够完成任务、发挥作用的内在功能。审计职能是审计自身固有的,但并不是一成不变的,它是随着社会经济的发展、经济关系的变化、审计对象的扩大、人类认识能力的提高而不断加深和扩展的。

关于审计职能,目前有两种观点,即"单一职能论"和"多职能论"。"单一职能论"认为,无论国家审计、社会审计还是内部审计,它们只有一项职能,就是经济监督。"多职能论"一般认为审计除"经济监督"这一基本职能外，还有评价、鉴证等职能。

1. 经济监督职能

经济监督是审计的基本职能。无论是传统审计，还是现代审计，其基本职能都是经济监督。不仅国家审计具有监督职能，社会审计和内部审计都具有监督职能。但必须明确：监督不是唯一的职能；监督是审计的基本职能只是说明各项审计都有监督职能，而不意味着其他各项职能实质上都是监督职能。

审计的经济监督职能主要是指，通过审计，监察和督促被审计单位的经济活动是否在规定的范围内、在正常的轨道上进行；监察和督促有关经济责任者是否忠实地履行经济责任；同时借以揭露违法违纪、稽查损失浪费、查明错误弊端、判断管理缺陷和追究经济责任等。审计工作的核心是通过审核检查，查明被审计事项的真相，然后对照一定的标准，做出被审计单位经济活动是否真实、合法、有效的结论。从依法检查到依法评价，直到依法做出处理决定以及督促决定的执行，无不体现了审计的监督职能。

2. 经济鉴证职能

审计的经济鉴证职能是指审计机构和审计人员对被审计单位会计报表及其他经济资料进行检查和验证，确定其财务状况和经营成果是否真实、公允、合法、合规，并出具书面证明，以便为审计的授权人或委托人提供确切的信息，并取信于社会公众的一种职能。

审计的经济鉴证职能包括鉴定和证明两个方面。例如，会计师事务所接受中外合资经营企业的委托，对其投入资本进行验资，对其年度财务报表进行审查，或对其合并、解散事项进行审核，然后出具验资报告、查账报告和清算报告等。再如，国家审计机关对"厂长""经理"的离任审计，对承包、租赁经营的经济责任审计，对国际组织的援助项目和世界银行贷款项目的审计等。

3. 经济评价职能

审计的经济评价职能是指审计机构和审计人员对被审计单位的经济资料及经济活动进行审查，并依据一定的标准对所查明的事实进行分析和判断，肯定成绩，指出问题，总结经验，寻求改善管理、提高效率、效益的途径。审计的经济评价职能，包括评定和建议两个方面。例如，审计人员通过审核检查，评定被审计单位的经营决策、计划、方案是否切实可行、是否科学先进、是否贯彻执行，评定被审计单位内部控制制度是否健全和有效，评定被审计单位各项会计资料及其他经济资料是否真实、可靠，评定被审计单位各项资源的使用是否合理和有效，等等；并根据评定的结果，提出改善经营管理的建议。评价的过程，也是肯定成绩、发现问题的过程，其建议往往是根据存在问题提出的，以利于被审计单位克服缺点、纠正错误、改进工作。经济效益审计是最能体现审计评价职能的一种审计。

在审计职能的研究过程中，也有人提出审计还具有服务、管理、咨询等方面的职能。在经济生活日趋复杂、社会日益进步、科技飞速发展的今天，审计职能也必然要发展。

第三节 审计机构与人员

一、审计机构

审计机构指审计行为的执行机构。如前所述，审计按照执行主体的不同可划分为政府审计、注册会计师审计和内部审计。其相对应的审计机构分别为国家审计机关、社会审计组织和内部审计机构。

1. 国家审计机关

国家审计机关是政府审计的执行机构。其主要通过对垂直财政关系的监督来维护国家财政分配的正常进行。国家审计机关一般由政府权力机关通过一定的程序，结合各国政治体制设立。

我国于1983年开始设立国家审计机关。目前，我国政府审计机构共分为四级，分别为审计署、各省（自治区、直辖市）审计厅（局）、省辖市（自治州、盟、行政公署、省人民政府派出机关）审计局、县（旗、县市）级审计局。经国务院批准，从1984年开始，审计署在国务院下属各部门先后设立了派驻机构，中国人民解放军系统也设置了审计机构。

我国国家审计机关依法对本级人民政府各部门、下级人民政府、国家金融机构、全民所有制企事业单位及其他拥有国家资产单位的财政、财务收支的真实性、合法性和效益性进行审计监督，以严肃财经法纪，提高经济效益，加强国家宏观调控。

国家审计机关一般有如下职责：

（1）财政收支审计职责。对财政收支进行审计监督，是审计机关的主要职责。审计署可以对国务院财政部门具体组织的中央预算执行和其他财政收支情况进行审计；地方各级审计机关可以对本级人民政府财政部门具体组织的本级预算执行和其他财政收支情况进行审计。

（2）财务收支审计职责。对财务收支审计也是审计机关的重要职责。对金融活动以及从事有关金融业务活动发生的各项财务收支进行审计；对中央银行及分支机构或有关金融机构经营的中央国库业务进行审计。地方各级审计机关对国有金融机构和国有资产占控股地位的金融机构的资产、负债、损益进行审计监督。

（3）绩效审计职责。党的十六届三中全会提出"建立预算绩效评价体系"，中央经济工作会议要求"推进财政资金使用绩效评估工作"。因此，开展对财政资金使用效益情况的审计有利于提高资金的使用效益。我国审计自形成以来已转向财政收支的真实、合法审计和绩效审计并重的发展方向，开展绩效审计符合现代国家审计发展的要求。

(4) 经济责任审计职责。自1999年中办、国办文件下发以来，经济责任审计已成为审计机关的一项重要工作。审计机关对国家机关和依法属于审计机关审计监督对象的主要负责人在任职期间所负经济责任的履行情况进行审计。经济责任审计应当按照国家有关规定执行。

(5) 其他法律、法规规定的审计职责。主要指除审计法中做出的专门规定外，在我国其他法律、法规中所做的审计机关职责的规定，如在宪法、预算法、会计法、公司法、证券法中的规定等。

(6) 专项审计调查职责。审计机关有权对国家财政收支有关的特定事项，向有关地方、部门、单位进行专项审计调查，并向本级人民政府和上一级审计机关报告审计调查结果。

(7) 审计管辖范围确定的职责。各级审计机关应当根据被审计单位的财政、财务隶属关系，确定审计管辖范围；审计机关之间对审计管辖范围有争议的，由其共同的上级审计机关确定。上级审计机关可以将其审计管辖范围内的有关审计事项，授权下级审计机关进行审计；上级审计机关对下级审计机关管辖范围内的重大审计事项，可以直接进行审计，但应当防止重复审计。

(8) 管理审计工作的职责。审计署在国务院总理的领导下，主管全国审计工作；地方各级审计机关在本级政府最高行政首长和上一级审计机构的领导下，负责本行政区域内的审计工作。

(9) 对内部审计进行业务指导和监督的职责。依法属于审计机关审计监督对象的单位，应当按照国家有关规定建立健全内部审计制度，其内部审计工作应当接受审计机关的业务指导和监督。

(10) 对社会审计组织审计报告进行核查的职责。社会审计组织审计的单位依法属于审计机关审计监督对象的，审计机关按照国务院的规定，有权对该社会审计组织出具的相关审计报告进行核查。

2. 社会审计组织

社会审计组织是经政府部门批准注册的依法独立承办审计查证和咨询服务的会计师事务所。其属于社会中介机构，通过接受委托实施对财务报表及会计资料的验证，或提供会计、税务、财务管理方面的咨询服务。我国会计师事务所大致有四种类型：一是直接由财政部批准的会计师事务所；二是由省、自治区、直辖市财政厅（局）批准成立的会计师事务所；三是由我国注册的会计师事务所与国际会计公司合作成立的会计师事务所；四是由审计事务所更名的会计师事务所。

会计师事务所中既有合伙人，又有其他专业审计人员和辅助员，如主任会计师（或所长、总经理）、副主任会计师、部门经理、注册会计师、业务助理人员和专家、出资人、秘书等。会计师事务所实行主任会计师负责制，主任会计师必须是注册会计师。会计师事务所和注册会计师在承接和执业中，有以下权限：

(1) 会计师事务所受理业务不受行政区域、行业的限制。

(2) 委托人委托会计师事务所办理业务，任何单位和个人不得干预；注册会计师和会计师事务所依法独立、公正执行业务,受法律保护。

(3) 注册会计师执行业务,可以根据需要查阅委托人的有关会计资料和文件,查看委托人的业务现场和设施,要求委托人提供其他必要的协助。

(4) 注册会计师执行审计业务时,如遇到下列情形,应当拒绝出具有关报告:委托人示意做不实或不当证明;委托人故意不提供有关会计资料和文件;因委托人有其他不合理要求,致使注册会计师出具的报告不能对财务会计的重要事项做出正确表述。

会计师事务所和注册会计师在执业中遵循下列原则:

(1) 注册会计师和会计师事务所执行业务必须遵守法律、行政法规。

(2) 注册会计师承接业务,由其所在的会计师事务所统一受理并与委托人签订委托合同;会计师事务所对本所注册会计师依照业务范围的规定承办的业务有权要求承担民事责任。

(3) 注册会计师与委托人有利害关系的,应当回避;委托人有权要求其回避。

(4) 注册会计师对在执行业务中知悉的商业秘密,负有保密义务。

(5) 注册会计师执行审计业务必须按照执业准则、规则确定的工作程序出具报告。

(6) 注册会计师不得有任何违反职业道德的行为。

(7) 会计师事务所应当依法纳税。

3. 内部审计机构

内部审计机构是内部审计的执行机构,是单位或系统内部设置的,为内部管理服务进行的日常审计监督。其主要业务是通过日常审计,加强内部控制,提高管理水平,为企业内部决策提供信息,以增强经营管理活动的有效性。

根据内部审计工作的规定,国家机关、金融机构、企事业组织、社会团体及其他单位,应当按照国家规定建立健全内部审计制度。现代内部审计的目的是防范和减少组织风险,增加管理价值,帮助管理者履行职责,以实现组织整体目标。按照美国反虚假财务报告委员会(The Committee of Sponsoring Organizations of the Treadway Commission,简称COSO)报告的观点和国际内部审计师协会实务标准的规定,现代内部审计应具有广泛的工作范围,必须包括对组织的内部控制体系恰当性和有效性进行的评价,及其完成所指定的职责实施效果进行的检查和评价。具体包括以下方面:

(1) 内部控制系统恰当性和有效性检查与评价;

(2) 资料确实性与完整性检查;

(3) 业务经营合理性和有效性检查;

(4) 资产安全管理和实际存在检查;

(5) 资源有效取得和合理利用检查;

(6) 实际完成和目标一致性检查。

按照我国内部审计工作规定,内部审计机构按照本单位主要负责人或权力机构的要求,履行下列职责:

(1) 对单位财政收支、财务收支及其有关经济活动进行审计。
(2) 对单位预算内、预算外资金的管理和使用情况进行审计。
(3) 对本单位内设机构及所属单位领导人员的任期经济责任进行审计。
(4) 对单位固定资产投资项目进行审计。
(5) 对单位内部控制制度的健全性和有效性及风险管理进行评审。
(6) 对单位经济管理和效益情况进行审计。
(7) 法律、法规规定和本单位主要负责人或权力机构要求办理的其他审计事项。

二、审计人员及基本要求

审计人员的素质是审计质量的基本条件。审计人员应当具备的素质因各国文化、经济条件不同而存在差异。

在三类审计人员中，对社会审计人员的要求最高。在国外，要取得执业会计师的资格，必须接受专门的训练，并经过严格的考试，还要具有熟练的技能和良好的职业道德。例如，美国从1917年开始实行注册会计师全国统考制度，由美国注册会计师协会统一命题。考试范围有会计原理、会计实务、审计和商法等，参加考试的人员大约有10%可以通过。在英国，为了取得特许会计师资格，申请人必须在会计师事务所工作并通过专业考试。申请人在完成大学水平的学业后，将与某会计师事务所签订一份为期3年的培训合同，其所受大学教育的专业不受限制，但申请人必须通过14门课程的考试，并在会计师事务所工作3年，有良好的职业道德记录，且经过3次考试合格，方能获得特许会计师资格。其他国家，如日本、加拿大、澳大利亚，对执业会计师资格的取得也都采取严格的考试制度，并要求执业会计师必须遵守职业道德规范，以确保执业会计师的素质。

国家审计人员都是国家公务员，多数国家已执行公务人员资格审查及考试制度，所以这些人在申请审计人员资格时，一般只要确认学历，并通过三四门的专业考试即可。少数国家规定国家审计人员需取得执业会计师资格，利用民间审计工作机制来达到考核国家审计人才素质的目的。

内部审计是企业管理职能中的一部分，内部审计人员完全由企业用人政策决定。但是，如果想要得到国际内部审计师协会承认的注册内部审计师资格，同样必须具备一定资历，并参加严格考试等。

我国目前已建立并逐步完善了注册会计师考试与注册制度。在我国，要成为一名注册会计师首先必须通过注册会计师考试。其报考条件为：具有大专及以上学历，或具有会计、统计、审计、经济中级或中级以上专业技术职称的中国公民。考试科目有六门，即会计、审计、财务成本管理、经济法、税法、战略与风险管理。注册会计师资格考试合格者要在会计师事务所工作2年后，报经批准注册，才能取得注册会计师执业资格。我国国家审计人员资格按公务员制度进行确认。内部审计人员由部门、单位领导征得主管部门审计机构同意后任免与调动。

第四节 审计目标

审计目标分为审计的总体目标和具体审计目标。就社会审计而言，审计的总体目标是指注册会计师为完成整体审计工作而达到的预期目标。具体审计目标是指注册会计师通过实施审计程序以确定管理层在财务报表中确认的各类交易、账户余额、披露层次认定是否恰当。

一、审计的总体目标

在执行财务报表审计工作时，注册会计师的总体目标是：

（1）对财务报表整体是否存在由于舞弊或错误导致的重大错报获取合理保证，使得注册会计师能够对财务报表是否在所有重大方面按照适用的财务报表编制基础编制发表审计意见。

（2）按照审计准则的规定，根据审计结果对财务报表出具审计报告，并与管理层和治理层沟通。在任何情况下，如果不能获取合理保证，并且在审计报告中发表保留意见也不足以实现向预期使用者报告的目的，注册会计师应当按照审计准则的规定出具无法表示意见的审计报告，或在法律法规允许的情况下终止审计业务或解除业务约定。

在注册会计师的总体目标下，注册会计师需要运用审计准则规定的目标以评价是否已获取充分、适当的审计证据。如果根据评价结果认为没有获取充分、适当的审计证据，注册会计师可以采取下列一项或多项措施：

（1）评价通过遵守其他审计准则是否已经获取或将会获取进一步相关审计证据；

（2）在执行一项或多项审计准则的要求时，扩大审计工作的范围；

（3）实施注册会计师根据具体情况认为必要的其他程序。

二、认定

认定是指管理层在财务报表中做出的明确或隐含的表达，注册会计师将其用于考虑可能发生的不同类型的潜在错报。当管理层声明财务报表已按照适用的财务报表编制基础编制，在所有重大方面做出公允反映时，意味着管理层对各类交易和事项、账户余额及披露的确认、计量和列报做出了认定。认定与具体审计目标密切相关，注册会计师的基本职责是确定被审计单位管理层对财务报表的认定是否恰当。

1. 与审计期间各类交易和事项相关的认定

（1）发生。记录或披露的交易和事项已发生，且这些交易和事项与被审计单位有关。

（2）完整性。所有应当记录的交易和事项均已记录，所有应当包括在财务报表中的相关披露均已包括。

（3）准确性。与交易和事项有关的金额及其他数据已恰当记录，相关披露已得到恰当计量和描述。

（4）截止。交易和事项已记录于正确的会计期间。

（5）分类。交易和事项已记录于恰当的账户。

（6）列报。交易和事项已被恰当地汇总或分解且表述清楚，相关披露在适用的财务报表编制基础下是相关的、可理解的。

2. 与期末账户余额相关的认定

（1）存在。记录的资产、负债和所有者权益是存在的。

（2）权利和义务。记录的资产由被审计单位拥有或控制，记录的负债是被审计单位应当履行的偿还义务。

（3）完整性。所有应当记录的资产、负债和所有者权益均已记录，所有应当包括在财务报表中的相关披露均已包括。

（4）准确性、计价和分摊。资产、负债和所有者权益以恰当的金额包括在财务报表中，与之相关的计价或分摊调整已恰当记录，相关披露已得到恰当计量和描述。

（5）分类。资产、负债和所有者权益已记录于恰当的账户。

（6）列报。资产、负债和所有者权益已被恰当地汇总或分解且表述清楚，相关披露在适用的财务报表编制基础下是相关的、可理解的。

三、具体审计目标

注册会计师了解认定后，很容易确定每个项目的具体审计目标，并以此作为评估重大错报风险及设计和实施进一步审计程序的基础。

1. 与审计期间各类交易、事项及相关披露的审计目标

（1）发生。由发生认定推导的审计目标是确认已记录的交易是真实的。发生认定所要解决的问题是管理层是否把那些不曾发生的项目列入财务报表，它主要与财务报表组成要素的高估有关。

（2）完整性。由完整性认定推导的审计目标是确认已发生的交易确实已经记录。发生和完整性强调的是相反的关注点。发生目标针对多记、虚构交易（高估），而完整性目标则针对漏记交易（低估）。

（3）准确性。由准确性认定推导的审计目标是确认已记录的交易是按正确金额反映的。准确性与发生、完整性之间存在区别。例如，若已记录的销售交易是不应当记录的，即使发票金额准确计算了，仍违反发生目标；若入账的销售交易是对发出商品的正确记录，但金额计算错误，则违反了准确性目标。

（4）截止。由截止认定推导的审计目标是确认接近资产负债表日的交易记录于恰当的期间。

（5）分类。由分类认定推导的审计目标是确认被审计单位记录的交易经过适当

分类。

(6) 列报。由列报认定推导的审计目标是确认被审计单位的交易和事项已被恰当地汇总或分解且表述清楚,相关披露在适用的财务报告编制基础下是相关的、可理解的。

2. 与期末账户余额相关的认定

(1) 存在。由存在认定推导的审计目标是确认记录的金额确实存在。

(2) 权利和义务。由权利和义务认定推导的审计目标是确认资产归属于被审计单位,负债属于被审计单位的义务。

(3) 完整性。由完整性认定推导的审计目标是确认已存在的金额均已记录。

(4) 准确性、计价和分摊。资产、负债和所有者权益以恰当的金额包括在财务报表中,与之相关的计价或分摊调整已恰当记录。

(5) 分类。资产、负债和所有者权益已记录于恰当的账户。

(6) 列报。资产、负债和所有者权益已被恰当地汇总或分解且表述清楚,相关披露在适用的财务报告编制基础下是相关的、可理解的。

以上内容说明认定是确定具体审计目标的基础。注册会计师通常将认定转化为能够通过审计程序予以实现的审计目标。针对财务报表每一项目所表现出的各项认定,注册会计师相应确定一项或多项审计目标,然后通过执行一系列审计程序获取充分、适当的审计证据以实现审计目标。认定、审计目标和审计程序间的关系如表1-1所示。

表1-1 认定、审计目标与审计程序之间的关系

认定	审计目标	审计程序
存在	资产负债表列示的存货存在	实施存货监盘程序
完整性	销售收入包括了所有已发货的交易	检查发货单和销售发票的编号及销售明细账
准确性	应收账款反映的销售业务是否基于正确的价格和数量,计算是否准确	比较价格清单与发票上的价格、发货单与销售订购单上的数量是否一致,重新计算发票上的金额
截止	销售业务记录在恰当的期间	比较上一年度最后几天和下一年度最初几天的发货单日期和记账日期
权利和义务	资产负债表中的固定资产确实为公司所有	查阅所有权证书、购货合同、结算单和保险单
计价和分摊	以净值记录应收款项	检查应收账款账龄分析表、评估计提的坏账准备是否充足

第二章

审计准则、审计标准与审计职业道德

第一节 审计准则

一、审计准则的概念

审计准则是注册会计师进行审计工作时必须遵循的行为规范，是审计人员执行审计业务，获取审计证据，形成审计结论，出具审计报告的专业标准。

审计准则是对审计实务中一般认为公正妥善的惯例加以概括归纳而形成的原则，不具备法令的强制力，但审计人员从事审计时必须遵循。美国审计总署（政府审计）在1972年颁布的审计准则中指出，"审计准则是对审计师所进行的工作的质量和充分性的总的衡量，它与审计师的专业资格有关"。

二、审计准则的特征

通过以上审计准则概念可以得出审计准则具有以下特征：

（1）审计准则是适应审计自身的需要和社会公众对审计的要求而产生和发展出来的，是审计实践经验的总结；

（2）审计准则是对审计主体的规范和要求，它规定了审计人员应有的素质和专业资格，并对审计人员的审计行为予以规范和指导；

（3）审计准则提出了审计工作应达到的质量要求，是衡量和评价审计工作质量的依据；

（4）审计准则一般由国家审计机关或社会审计组织（注册会计师职业团体）制定颁布；

（5）审计准则具有很高的权威性和很强的约束力，审计人员在执业过程中必须严格遵守。

三、审计准则的内容

每项审计准则通常包括总则、定义、目标、要求和附则。总则提供了与理解审计准则相关的背景资料。每项审计准则还配有应用指南。每项审计准则及应用指南中的所有内容都与理解该项准则中表述的目标和恰当应用该准则的要求相关。应用指南对审计准则的要求提供了进一步解释，并为如何执行这些要求提供了指引。应用指南提供了审计准则所涉及事项的背景资料，更清楚地解释审计准则要求的确切含义或所针对的情形，并举例说明适合具体情况的程序。应用指南本身并不对注册会计师提出额外要求，但与恰当执行审计准则对注册会计师提出的要求是相关的。

审计准则的总则可能对下列事项进行说明：

(1) 审计准则的目的和范围,包括与其他审计准则的关系;
(2) 审计准则涉及的审计事项;
(3) 就审计准则涉及的审计事项,注册会计师和其他人员各自的责任;
(4) 审计准则的制定背景。

审计准则以"定义"为标题单设一章,用来说明审计准则中某些术语的含义。提供这些定义有助于保持审计准则应用和理解的一致性。每项审计准则均包含一个或多个目标,这些目标将审计准则的要求与注册会计师的总体目标联系起来。每项审计准则规定目标的作用在于使注册会计师关注每项审计准则预期实现的结果。

本书列示了截至2019年7月1日我国发布的仍有效的审计准则,供读者学习、了解:

(1) 2006年发布48项,仍有效的有以下13项:基本准则、验资、商业银行财务报表审计、银行间函证程序、与银行监管机构的关系、财务报表审计中对环境事项的考虑、衍生金融工具的审计、电子商务对财务报表审计的影响、财务报表审阅、历史财务信息审计或审阅以外的鉴证业务、预测性财务信息的审核、对财务信息执行商定程序、代编财务信息。

(2) 2010年发布38项,仍有效的有以下13项:向治理层和管理层通报内部控制缺陷、前任注册会计师和后任注册会计师的沟通、计划审计工作、对被审计单位使用服务机构的考虑、函证、分析程序、审计抽样、审计会计估计(包括公允价值会计估计)和相关披露、关联方、利用专家的工作、对按照特殊目的编制基础编制的财务报表审计的特殊考虑、对单一财务报表和财务报表特定要素审计的特殊考虑、对简要财务报表出具报告的业务。

(3) 2016年发布12项,仍有效的有以下8项:就审计业务约定条款达成一致意见、审计工作底稿、审计证据、持续经营、期后事项、书面声明、在审计报告中沟通关键审计事项、注册会计师对其他信息的责任。

(4) 2019年发布的18项如下:注册会计师的总体目标和审计工作的基本要求,对财务报表审计实施的质量控制,财务报表审计中与舞弊相关的责任,财务报表审计中对法律法规的考虑,与治理层的沟通,通过了解被审计单位及其环境识别和评估重大错报风险,计划和执行审计工作的重要性,针对评估的重大错报风险采取的应对措施,评价审计过程中识别出的错报,对存货、诉讼和索赔、分部信息等特定项目获取审计证据的具体考虑,首次审计业务涉及的期初余额,对集团财务报表审计的特殊考虑,利用内部审计人员的工作,对财务报表形成审计意见和出具审计报告,在审计报告中发表非无保留意见,在审计报告中增加强调事项段和其他事项段,比较信息:对应数据和比较财务报表,会计师事务所对执行财务报表审计和审阅、其他鉴证和相关服务业务实施的质量控制。

四、审计准则的作用

审计准则在各国审计界受到重视,不仅是因为它在审计实务中发挥着重要作用,还因为它的作用范围已经超过了审计业务工作的范围,对整个审计事业的发展起到了促进作用。

(1) 制定、实施审计准则可以为规范和指导审计工作提供依据,有助于审计工作规范化的实现。

(2) 制定、实施审计准则为衡量和评价审计工作质量提供依据,从而有助于审计工作质量的提高。

(3) 制定、实施审计准则有助于社会公众对审计工作结果的信任。

(4) 制定、实施审计准则有助于维护审计组织和审计人员的正当权益,使得他们免受不公正的指责和控告。

(5) 制定、实施审计准则有助于推动审计理论的研究和审计人才的培养。

(6) 制定、实施审计准则有助于改革开放的顺利进行和审计事业的国际化。

第二节 审计标准

一、审计标准的意义

审计标准是审计人员在审计过程中用来衡量被审计事项是非优劣的准绳,是提出审计意见、做出审计决定的依据。

要说明被审计事项是真实的,不仅要有说明经济事项的事实真相,还要有标准去衡量它是否符合客观事实,是否正确无误;要说明被审计事项是合法的,不仅要有证据说明经济事项及其反映资料的实际存在状况,还要有标准去衡量它是否符合党和国家的方针政策、法律、法规及有关规章制度;要说明被审计经济活动是有效的,不仅要有证据说明被审计经济事项的效益状况,还要有标准去衡量它有无经济效益以及经济效益的高低。由此可见,审计证据只能说明事实真相,而不能引出结论和意见,只有将审计证据和审计标准进行对照,才会引出是非优劣的结论,才能提出审计意见并做出审计决定。

审计标准和审计准则是两个完全不同的概念。审计标准是衡量审计客体的尺度,它所回答的问题是根据什么、有什么理由做出这样的判断、提出这样的意见和做出这样的决定。审计准则是审计工作本身的规范,是审计人员的行为指南,它所回答的是如何进行审计的问题;它也可以用来衡量审计主体工作优劣、工作质量高低。

二、审计标准的分类

审计标准可按不同的标准进行分类,不同种类的审计标准有着不同的用途。对审计标准进行适当的分类,有利于审计人员根据需要选用恰当的审计标准。

（一）按来源渠道分类

1. 外部制定的审计标准

国家制定的法律、法规、条例、政策、制度；地方政府、上级主管部门颁布的规章制度和下达的通知、指示文件等；涉外被审事项，所引国际惯例的条约等。

2. 内部制定的审计标准

被审单位制定的经营方针、任务目标、计划预算、各种定额、经济合同、各项指标和各项规章制度等。

（二）按性质内容分类

1. 法律、法规

法律是国家立法机关依照立法程序制定和颁布，由国家强制保证执行的行为规范总称。如宪法、刑法、民法、会计法、审计法、预算法、税收征管法、海关法、各种税法、企业法、公司法、合同法等。法规是由国家行政机关制定的各种法令、条例、规定等。

2. 规章制度

主要由国务院各部委根据法律和国务院的行政法规制定的规章制度；省、自治区、直辖市根据法律和国务院的行政法规制定的规章制度；被审单位上级主管部门和被审计单位内部制定的各种规章制度；等等。如国家主管部门制定的各项财务会计制度、单位内部制定的各项内部控制制度等。

3. 预算、计划、合同

如国家机关事业单位编制的经费预算，经济组织制定的各种经济计划，被审单位与其他单位签订的各种经济合同等。

4. 业务规范、技术经济标准

如人员配备定额、工作质量标准、原材料消耗定额、工时定额、能源消耗定额、设备利用定额等。

（三）按衡量对象分类

1. 财务审计标准

财务审计的主要目标是对被审单位经济活动的真实性和合法性做出审计和评价。因此，财务审计的主要依据有国家的法律、法规；国家主要部门或地方各级政府制定的规章制度；单位内部制定的会计控制制度、计划、预算、合同等。

2. 绩效审计标准

绩效审计的主要目标是对被审计单位经济活动的效益性做出审计和评价。因此，绩效审计的主要依据有单位的管理控制制度、预算、计划、经济技术规范、经济技术指标、可比较的各种历史数据等。

三、审计标准的特征

审计标准既是明显可见的，又不是固定不变的。随着国家管理的规范和单位管理的加强，旧的标准不断被淘汰，新的标准不断被建立。因此，无论什么样的审计标准，只能在一定的范围内、一定的区域中和一定的期限内是有效的，同时，各类依据所具有的权威性也有很大差别。

（一）权威性

审计标准是判断被审计单位经济活动合法性、有效性及真实性的准绳，又是作为提出审计意见、做出审计决定的根据或理由。因此，任何审计标准都具有一定的权威性或公认性，否则不足以被引用为依据。但是，不同层次的依据，其权威性大小不一样。如国家的法律、法规是衡量经济活动是否合法、合规的依据，它具有很高的权威性，全国都公认它，依据它提出的审计意见、做出的审计决定一般是正确无误的。再如，单位内部制定的规章制度、预算、计划、定额、标准、历史数据等，则不具备上述法律、法规的权威性，但依然是用来衡量经济活动优劣的重要依据，对于这类依据主要强调它的公认性和可接受性，一般要由审计人员和被审查单位协商后确定。

（二）层次性

审计标准一般是由审计主体以外的国家机关、管理部门、业务部门、技术部门和企业单位制定的。审计标准因管辖范围和权威性大小不同而有不同的层次。一般来说，制定的单位级别越高，其管辖的范围越广，其权威性越大。首先是最高层次的依据是国家立法机关制定的法律；其次是国务院颁布的各种行政法规及政策、指令、规划等；再次是地方立法机关和行政机构制定的地方性法律、法规；最后是被审计单位主管部门制定的规章制度、下达的计划和提出的技术经济指标等；最低层次依据是被审计单位内部制定的各种规章制度、计划、预算、定额、标准等。

审计标准的层次越高，其管辖的幅度越宽，适用的范围越广，权威性越大。

（三）地域性

从空间上看，很多审计标准还要受到地域性限制。由于各国的社会经济制度和生产力发展水平均不同，其审计标准和内容也各不相同，因此一个国家不能照搬另一个国家的审计标准。我国各地区、各部门的实际情况和发展水平也不相同，因此，其适用的审计标准也各不相同。审计人员在进行审计判断时，必须注意到地区差别、行业差别和单位差别。

（四）时效性

从时间上看，各种审计标准都有一定的时效性，不是在任何时期、任何条件下都适用。作为衡量经济活动是否真实、合法和有效的审计标准属于上层建筑的范畴，它会因经济基础的发展变化而不断变化，也即是在不断地变更和修订之中。这就要求审计人员在审计工作中，密切注意各种依据的变化，选用在被审计事项发生时有效的判断依据，而不能以审计时现行的法律、法规、规章制度作为判断依据，也不能以过时的法律、法规、规章制度作为判断依据，更不能以旧的审计标准来否定现行的经济活动，或用新的审计标准来否定过去的经济活动。

（五）相关性

审计标准的相关性，主要是指所引用的审计标准应与被审计项目和应证实的目标相关。审计人员所做的审计判断、所提出的审计意见以及所做出的审计决定是否正确无误,是否令人信服,与审计人员所使用的审计标准的相关程度及针对性强弱关系很大。审计标准的相关性首先表现在所选用的依据与被审计事项是相关的,能够判定被审计事项是否真实、合法与有效;其次是能说明审计人员提出的审计意见和做出的审计决定有充足的理由;最后是针对某一被证实的事项来说,所选用的各种依据能从不同的角度去证实。

四、运用审计标准的原则

不同的被审计事项需要不同的衡量、评价依据。审计人员应根据不同的审计目标、不同的实际需要,选用适当的审计标准进行审计判断,提出审计意见,做出审计决定。

(一) 权威性原则

审计人员应从实际出发,具体问题具体分析,根据需要选用适用的依据;选用时一定要根据依据的权威性、层次性、区域性、时效性、相关性的特点及其要求,尽可能选用权威性大的、令人信服的依据;尽可能选用高层次的依据,如果选用低层次依据,一定不能与相关的高层次依据相抵触;应选用本地区、本行业、本部门、本单位适用的依据;应选用适用于被审计事项发生时有效的依据;应选用与被审计事项有关、有利于做出审计判断、提出审计意见和做出审计决定的审计标准。

有法律、法规依据的,一定要选用法律、法规作为依据。如果选用的行政法规与宪法、法律存在矛盾,应以宪法、法律规定为审计标准;国务院各部门之间的规定相抵触时,应以法律、行政法规授权的主管部门的规定为审计标准;地方人民政府与国务院主管部门的规定相抵触时,除国家另有规定外,应当以国务院主管部门的规定为审计标准;下级人民政府、部门的规定与上级人民政府、部门的规定相抵触时,除国家另有规定外,应以上级人民政府部门规定为审计标准。审计中发现的重大问题没有明确的审计标准时,应当请示本级人民政府或上级审计机关;或者从是否合理,是否正确,是否违背了国家法律、法规,是否损害了国家利益或是否侵犯了被审单位的合法权益等方面去判断。

(二) 主次原则

被审计单位的经济活动是错综复杂的,经济情况是瞬息万变的,因为影响经济活动的因素是多方面的、不断变化的。所以,既要历史地看问题,又要辩证地看问题。认真仔细地研究在多种问题中,哪些是主要问题,哪些是本质问题;在多种因素、矛盾中,哪些是主要因素,哪些是主要矛盾,哪些是矛盾的主要方面。只有抓住主要矛盾和矛盾的主要方面,才能把握问题的实质,才能选用适当的审计标准,并据以做出正确的判断,提出合理的意见和做出令人信服的决定。

(三) 准确性原则

审计人员所运用的依据必须准确,决不能把道听途说的主观臆测作为判断是非的依据。无论引用什么资料作为依据,均要查看原件、签发单位和签发时间,并判断其适用性;凡引用数据,一定要亲自复核,决不能照搬照抄;凡列举的定额、标准,必须要有原文资料，并核实其有效期和适用的单位；凡引用的单位管理制度，一定要有文字记载，领导的口头指示和某种会议精神，如果没有文字依据，均不得作为审计标准；凡引用法律、法规、规章制度，一定要查到原文原件，适当地摘录或复印，决不可断章取义，妄加推论。

总之，准确而合理地运用审计标准，有利于客观公正地做出审计判断，有利于提出合理的审计意见和做出正确的审计决定，有利于审计工作质量的提高。

第三节 审计职业道德

道德是一种社会意识形态，是调整人与人之间、个体与社会之间关系的行为规范的总称。职业道德是某一职业组织以公约、守则等形式发布的，要求其会员自觉接受的职业行为标准。审计主体不仅有注册会计师还有政府审计内部审计。本节仅讨论注册会计师的审计职业道德。

注册会计师职业道德是注册会计师执业品德、职业纪律、专业胜任能力及职业责任等的总称。

审计行业相较其他行业而言需要更高的道德水准，主要缘于其工作的特殊性：

（1）该行业以维护公众利益为宗旨，这决定了注册会计师需超越个人、客户或所在单位的利益和法律法规的最低要求，恪守更高的职业道德要求，以更好地履行对社会公众、客户、同行等主体的责任；

（2）审计行业的核心价值为诚信，这构成了行业的立身之本，注册会计师只有展现出较高的道德水准才能取信于社会公众；

（3）该行业专业程度较高，其高难度的知识门槛决定了社会公众很难判断其执业质量，制定并执行严格的职业道德规范有助于增强社会公众对审计行业的信心。

为了规范注册会计师职业行为，提高注册会计师职业道德水平，在充分借鉴国际职业会计师道德守则的最新成果上，实现职业道德守则的国际趋同，中国注册会计师协会于 2009 年 10 月 14 日印发了《中国注册会计师职业道德守则》和《中国注册会计师协会非执业会员职业道德守则》，并自 2010 年 7 月 1 日起开始实施。

第三章

审计程序

第一节 审计程序的意义

一、审计程序的概念

一般意义的审计程序是指审计人员在具体的审计过程中所采取的行动和步骤,包括广义和狭义两方面的含义。广义的审计程序是指审计人员从接受审计项目开始,到审计工作结束的全部过程,一般可以划分为三个阶段——准备阶段、实施阶段和终结阶段,各个阶段又包括许多具体的工作内容。狭义的审计程序是指审计人员在取得审计证据、完成审计目标的过程中所采取的步骤和方法。从一定意义上说,狭义的审计程序实际上是广义的审计程序中最重要的一部分工作。

二、审计程序规范化的意义

审计人员在审计过程中采用恰当的审计程序是十分重要的,因为审计程序恰当与否,会直接影响到审计人员所表达的审计意见的正确性,以及审计工作的效率。如果审计人员在审计过程中忽略了必要的审计步骤,由此导致遗漏重要的审计证据,审计结论是不充分、不可靠的。相反,如果审计人员在审计过程中执行了不必要的步骤,这实际上是一种浪费,它会影响到审计工作的效率。因此,在审计实务中,审计人员必须十分重视审计的程序。

审计程序的恰当与否有时很难加以确定。在审计过程中,某一审计步骤是否应该执行、是否必要,往往取决于审计人员的判断。审计人员通常借助于自己在审计工作中积累的经验,对具体的情况做出估计以确定下一步的工作。即使是经验丰富的审计人员在进行估计时,也不可避免地会存在失误。为了尽可能减少失误,各国审计机构分别制定了审计准则,为审计人员的工作提供指导,以保证审计工作的质量。审计人员所采用的审计程序必须符合审计准则的要求,这已为审计界所公认。审计程序规范化对于开展审计工作的重要意义,表现在以下几方面:

(1) 有利于审计工作有条不紊地进行,防止工作中的忙乱。
(2) 有利于发现并抓住被审计单位存在的问题,减少审计人员失误的可能性。
(3) 避免工作中的疏漏,保证审计工作的质量。
(4) 提高审计工作效率,用较少的人力和时间完成审计工作。

此外,规范化的审计程序还有利于审计机构和审计人员避免审计过程中的纠纷和法律诉讼,保护审计机构和审计人员的合法权益。

本书以社会审计程序为对象,介绍审计程序的具体内容。

第二节 审计准备

注册会计师需要完成六方面的准备工作：了解被审计单位及其环境、签订审计业务约定书、初步评价被审计单位的内部控制制度、确定重要性水平、分析审计风险、编制审计计划。

一、了解被审计单位及其环境

注册会计师应当从以下方面了解被审计单位及其环境：
（1）相关行业状况、法律环境与监管环境以及其他外部因素。
（2）被审计单位的性质。
（3）被审计单位对会计政策的选择和运用。
（4）被审计单位的目标、战略及可能导致重大错报风险的相关经营风险。
（5）对被审计单位财务业绩的衡量和评价。
（6）被审计单位的内部控制。

了解被审计单位是一个动态、持续的过程，贯穿于审计活动的始终。唯此，注册会计师才能够有效评估风险并设计恰当审计程序。

二、签订审计业务约定书

1. 审计业务约定书的含义和作用

审计业务约定书指会计师事务所与被审计单位签订的，用以记录和确认审计业务的委托与受托关系、审计目标和范围、双方的责任以及报告的格式等事项的书面协议。会计师事务所承接任何审计业务，都应与被审计单位签订审计业务约定书。

签署审计业务约定书是为了明确约定各方的权利和责任义务，促使各方遵守约定事项并加强合作，保障签约各方的正当利益。其主要作用有：增进会计师事务所与被审计单位之间的相互了解；作为被审计单位评价审计业务完成情况，以及会计师事务所检查被审计单位约定义务履行情况的依据；出现法律诉讼时，确定签约各方应负责任。

2. 审计业务约定书的基本内容

（1）财务报表审计的目标与范围。
（2）注册会计师的责任。
（3）管理层的责任。
（4）指出用于编制财务报表所适用的财务报表编制基础。
（5）提及注册会计师拟出具的审计报告的预期形式和内容，以及对在特定情况下出具的审计报告可能不同于预期形式和内容的说明。

三、初步评价被审计单位的内部控制制度

（一）了解被审计单位内部控制的方式

1. 在整体层面了解内部控制

整体层面的控制通常在所有业务活动中普遍存在。财务报表层次的重大错报风险很可能源于薄弱的内部环境，所以注册会计师在评估财务报表层次的重大错报风险时，应当结合被审计单位整体层面的内部控制状况和了解到的被审计单位及其环境等方面的情况综合考虑。整体层面的内部控制有效与否直接影响重要业务流程层面控制的有效性，进而影响注册会计师拟实施的进一步审计程序的性质、时间和范围。

注册会计师可以考虑将询问被审计单位人员、观察特定控制的应用、检查文件和报告以及执行穿行测试等风险评估程序相结合，以获取证据。在了解内部控制的构成要素时，注册会计师需要特别注意这些要素是否在实际中得到执行。注册会计师应当将对被审计单位整体层面内部控制要素的了解要点和实施的风险评估程序及结果等形成审计工作记录，并把影响注册会计师对整体层面内部控制有效性进行判断的因素详细记录下来。

2. 在业务流程层面了解内部控制

业务流程层面的控制主要是对工薪、销售和采购等交易的控制。注册会计师应当从被审计单位重要业务流程层面了解内部控制，并根据这些评估认定层次的重大错报风险，进而针对评估的风险设计和实施进一步审计程序。

（二）了解被审计单位内部控制的程序

在实务中，注册会计师还需要进一步了解内部控制的程序以确定其设计和运行的情况。具体方法有：询问被审计单位的有关人员；查阅以前年度审计工作底稿，根据实际情况适当更新；查阅内部控制政策或档案；检查凭证和记录；观察经营管理活动；进行穿行测试。

穿行测试是指在每一类交易中选择一笔或若干笔交易进行测试，其目的是验证内部控制的实际运行是否与经过其他方法调查后在审计工作底稿上所描述的内部控制一致。例如，为复核销售环节的内部控制，注册会计师可以选取一笔或若干笔销售业务，从订单、销售单、赊销批准、发货、开票、收款、记账的业务全过程进行检查，以确定销售业务的各个环节是否与被审计单位设计的内控保持一致。

（三）记录了解的内部控制

在了解内部控制后，注册会计师要将了解的结果记录在工作底稿中，既为注册会计师在审计实施过程中遵守有关准则提供证据，也为下一步进行重大错报风险评估和控制测试所使用，并为以后年度审计提供参考。记录形式主要有文字叙述、调查问卷表和控制流程图。

1. 文字叙述

这种形式是将调查了解到的内部控制情况用文字叙述的方式记录下来。文字叙述

一般按照不同的交易循环或业务经营环节，逐项记述各环节所完成的工作、产生的各种文字记录、员工的不同分工等。

文字叙述法比较灵活，描述内容可根据实际情况详略得当，适用于各种规模和类型的被审计单位，特别是那些内部控制不够健全的中小型被审计单位。但该方法篇幅一般较长，阅读时难以把握重点。对于存在广泛控制的大型被审计单位，该方法不便于资料整理和对比分析，而且有可能遗漏内部控制设置中的重要环节。

2. 调查问卷表

内部控制调查问卷表是把每一个审计中关注的内部控制必要事项，特别是与确保会计记录可靠性有关的事项作为调查项目，进行系统列示，反映在表格中。大部分内容被设计为要求回答"是"或"否"，回答"否"意味着潜在的内部控制缺陷。

实务中，注册会计师通常采用标准格式的调查问卷表，以避免遗漏重要的内部控制情况。调查问卷法可帮助缺乏经验的注册会计师调查和评价内部控制，提高审计效率。但是，标准格式的调查表由于没有充分考虑到企业实际情况，对于一些企业会出现"不适用"的回答，从而无法涵盖全部情况。有时，注册会计师也可能过于依赖标准格式的机械表达而忽略判断的重要性。

3. 控制流程图

内部控制流程图是指注册会计师以特定的语言符号和图形来反映企业的凭证及其在组织内部有序流动过程的图表。注册会计师可以通过流程图将企业的组织结构、职责分工、权限范围、凭证编制及顺序、会计记录、业务处理流程等内控组成展现在一张图中。其最大的优势在于形象、直观，使关键控制节点一目了然，容易使人了解内控的薄弱环节。但流程图的编制需要一定的技术，其复杂程度会随企业业务复杂情况的不同而变动。

四、确定重要性水平

考虑重要性水平可以帮助注册会计师编制审计计划，确定审计程序的性质、时间和范围，从而将审计风险降低至可接受的水平。运用重要性水平还有助于注册会计师确定审计意见类型。

1. 审计重要性水平的含义

审计重要性是指在具体环境下，被审计单位财务报表错报的严重程度。如果合理预期错报单独或汇总起来可能影响财务报表使用者依据财务报表做出的经济决策，则通常认为错报是重大的。这里的错报含漏报，包括财务报表内列示的错报和财务报表附注披露的错报。

对重要性水平的理解包含以下方面：

（1）审计重要性水平本质上反映的是财务报表使用者的要求。重大错报会误导财务报表使用者的相关决策，因此，注册会计师应当站在财务报表使用者的角度来确定重要性水平。此处的财务报表使用者是指具有一定理解能力的、理性的财务信息需求者。

（2）审计重要性水平考虑的是财务报表使用者整体的需求。由于不同财务报表使用者对财务信息的需求差异可能很大，注册会计师在对重要性水平做出判断时，不可能满足所有财务报表使用者的需求。因此，重要性水平的判断不能考虑错报对个别财务报表使用者可能产生的影响。

（3）审计重要性水平受错报数额和性质的共同影响。通常情况下，数额大的错报比数额小的错报重要，但有些情况下数额小的错报会因为性质严重误导财务报表使用者的决策。

（4）对重要性水平的判断依据具体环境做出。不同的被审计单位或同一被审计单位在不同时期面临的具体环境不同，重要性水平也会有差距。这也是每次审计都要确定重要性的原因。

（5）审计重要性水平是注册会计师运用职业判断的结果。影响重要性水平的因素众多，加之可能的财务报表使用者是未知的，注册会计师只能根据被审计单位面临的具体环境，综合考虑各种因素的影响，运用职业判断来确定重要性水平。

2. 对审计重要性水平的确定

在审计工作准备阶段，注册会计师应当确定一个可接受的重要性水平，以发现在金额上重大的错报。其目的在于帮助确定风险评估程序的性质、时间安排和范围，识别和评估重大错报风险并进一步确定审计程序的性质、时间和范围。高估重要性水平可能会得出不恰当的审计结论，影响审计质量；低估重要性水平，则可能浪费审计时间，加大审计成本、降低审计效率。

实务中，注册会计师需要从数量和性质两个方面合理确定重要性水平。

（1）数量方面。注册会计师应当确定财务报表整体重要性水平。实务中，先选定一个基准，再乘以某一适当的百分比，将其乘积作为财务报表整体重要性水平，这是确定财务报表整体重要性水平的基本方法。

①基准的确定。许多汇总财务数据（如总资产、净资产、营业收入、费用总额、毛利、净利润等）可以作为确定整体重要性水平的基准。

②百分比的确定。百分比的确定通常取决于基数的选取，百分比的一般参考值见表3-1。

表3-1　报表项目重要性程度参照表

确定基准	适用百分比
营业收入、总资产、费用总额	0.5%～1%
净资产	1%～2%
毛利、净利润	5%～10%

一般而言，基准规模越大，选用的比率越小，如此确定的重要性水平较符合实际。当利润规模较大时，可选用5%～7%，当利润规模较小时，选用7%～10%。

（2）性质方面。在特定情况下，即使金额较小的错报也可能会对财务报表产生重

3. 实际执行的重要性水平

在确定实际执行的重要性水平时，注册会计师需要运用职业判断，并考虑：对被审计单位的了解；前期审计工作中识别出的错报的性质和范围；根据前期识别出的错报对本期错报所作的预期。

通常而言，实际执行的重要性水平为财务报表整体重要性水平的50%～75%。具体情况见表3-2。

表3-2 重要性水平适用参考

实际执行的重要性水平的确定	适用情况	示例
接近财务报表整体层次的50%	非连续审计；以前年度审计调整较多；项目总体风险较高	被审计单位处于高风险行业、经常面临较大市场压力，注册会计师需要出具特殊目的报告等
接近财务报表整体层次的75%	连续审计；以前年度审计调整较少；项目总体风险较低	被审计单位处于低风险行业、市场压力较小等

4. 审计过程中对重要性水平的修改

当下列情形出现时，注册会计师需要修改财务报表整体层次和认定层次的重要性水平。

（1）审计过程中情况发生了重大变化，比如被审计单位决定处置其一个重要组成部分。

（2）获取了新的信息。

（3）通过实施进一步审计程序，对被审计单位及其经营情况的了解发生变化。

5. 评价审计结果时对重要性水平的考虑

在评价审计结果时，注册会计师应首先对审计过程中识别出的错报进行汇总，并及时与适当层级的管理层沟通错报事项，要求被审计单位更正，必要时对之前确定的重要性水平做出重大修改并重新考虑实际执行的重要性水平及进一步审计程序的性质、时间安排和范围的适当性，以获取充分、适当的审计证据。然后，用尚未更正的错报与报表层次重要性水平进行比较，判断其对财务报表的影响是否重大，来作为发表审计意见的基础。

五、分析审计风险

审计风险是指财务报表存在重大错报而注册会计师发表不恰当审计意见的可能性。主要有两种表现形式：一种为被审计单位的财务报表公允反映而注册会计师发表的意见却认为其未公允反映；另一种为被审计单位的财务报表未公允反映而注册会计师认为其已公允反映。因为实务中第一种情况通常会得到纠正，一般将审计风险局限于第二种情况。

审计风险取决于重大错报风险和检查风险。

审计风险模型为：

$$审计风险 = 重大错报风险 \times 检查风险$$

1. 重大错报风险

重大错报风险是指财务报表在审计前存在重大错报的可能性。重大错报风险与被审计单位的风险相关，且独立于财务报表审计存在。

认定层次的重大错报风险可细分为固有风险和控制风险。

固有风险是指在考虑相关内部控制前，某类交易、账户余额或披露的某一认定易于发生错报的可能性。如复杂的计算比简单的计算更可能出错；受重大计量不确定性影响的会计估计发生错报的可能性较大。

控制风险是指某类交易、账户余额或披露的某一认定发生错报，该错报单独或连同其他错报是重大的，但没有被内部控制及时防止或发现并纠正的可能性。控制风险取决于与财务报表编制有关的内部控制的设计和运行的有效性。由于控制的固有局限性，在某种程度而言，控制风险始终存在。

2. 检查风险

检查风险是指某一认定存在错报，该错报单独或连同其他错报是重大的，但注册会计师未能发现这种错报的可能性。检查风险取决于审计程序设计的合理性和执行的有效性。注册会计师设计和执行的程序越有效，检查风险越低。但由于注册会计师通常不对所有的交易、账户余额和披露进行检查，检查风险不可能降低为零。

在特定的审计风险水平下，重大错报风险与检查风险成反向关系。注册会计师只能评估而不能控制重大错报风险，通过对重大错报风险的评估而控制检查风险。评估的重大错报风险越高，可接受的检查风险越低；评估的重大错报风险越低，可接受的检查风险越高。

六、编制审计计划

审计计划是指注册会计师为完成审计业务，达到预期审计目标，在具体执行审计工作前编制的工作计划。其有利于保证审计质量，降低审计成本，提高审计效率；另外，审计计划有利于协调注册会计师与被审计单位之间的关系，避免产生误解。审计计划包括总体审计策略和具体审计计划两个层次。

1. 总体审计策略

总体审计策略是对审计的预期范围和实施方式所做的规划，是注册会计师从接受审计委托到出具审计报告整个过程的基本工作内容的综合计划。总体审计策略应当包括：

（1）确定审计业务的特征，以确定审计范围，包括采用的会计准则和相关会计制度，特定行业的报告要求，以及被审计单位组成部分的分布等。

(2) 明确审计业务的报告目标,以计划审计的时间安排和所需沟通的性质,包括提交审计报告的时间要求,预期与管理层和治理层沟通的重要日期等。

(3) 考虑影响审计业务的重要因素,以确定项目组工作方向,包括确定适当的重要性水平,初步识别可能存在较高重大错报风险的领域,初步识别重要的组成部分和账户余额,评价是否需要针对内部控制有效性获取审计证据,识别被审计单位、所处行业、财务报告要求及其他方面最近发生的重大变化等。

注册会计师在编制总体审计策略时还要说明以下内容:

(1) 向具体审计领域调配的资源,包括向高风险领域分派有适当经验的项目组成员,就复杂的问题利用专家工作等。

(2) 向具体审计领域分配资源的多少,包括分派到重要地点进行存货监盘的项目组成员的人数,在集团审计中复核组成部分注册会计师工作的范围,向高风险领域分配的审计时间预算等。

(3) 何时调配这些资源,包括是在期中审计阶段还是在关键的截止日期调配资源等。

(4) 如何管理、指导、监督这些资源,包括预期何时召开项目组预备会和总结会,预期项目合伙人和经理如何进行复核,是否需要实施项目质量控制复核等。

2. 具体审计计划

具体审计计划是依据总体审计策略制订的,且比总体审计策略更加详细,是对实施总体审计策略所需要的审计程序的性质、时间安排和范围所做的详细规划和说明。其应当包括风险评估程序、计划实施的进一步审计程序和其他审计程序。

(1) 风险评估程序。为充分识别和评估财务报表重大错报风险,注册会计师应确定计划实施的风险评估程序的性质、时间安排和范围。

(2) 计划实施的进一步审计程序。其分为进一步审计程序的总体方案和拟实施的具体审计程序两个层次。进一步审计程序的总体方案主要是指注册会计师针对各类交易、账户余额和披露决定采用的总体方案(包括实质性方案和综合性方案)。具体审计程序是对进一步审计程序总体方案的细化和延伸,包括控制测试和实质性程序的性质、时间安排和范围。

(3) 其他审计程序。包括上面进一步程序计划中没有涵盖的、根据其他审计测计划审计工作并非审计业务的一个独立阶段,而是一个持续的、不断修正的过程,贯穿于整个审计业务的始终。由于未预期事项、条件的变化或在实施审计程序中获取的审计证据等原因,在审计过程中,注册会计师应当在必要时对总体审计策略和具体审计计划做出更新和修改。

审计计划应由审计项目负责人编制,形成书面文件并在工作底稿中进行记录。注册会计师应当制订计划,确定对项目组成员的指导、监督以及对其工作进行复核的性质、时间安排和范围,且要考虑单个项目组成员的专业素质和胜任能力。

第三节 审计实施

实施审计业务时,注册会计师应当针对评估的重大错报风险确定总体应对措施,并针对评估的认定层次重大错报风险设计和实施进一步审计程序,以将审计风险降低至可接受的低水平。

一、针对财务报表层次重大错报风险的审计实施

重大错报风险如果与财务报表整体广泛相关,注册会计师应当针对评估的财务报表层次重大错报风险确定下列总体应对措施:

(1)向项目组强调在收集和评价审计证据过程中保持职业怀疑的必要性。

(2)指派更有经验或具有特殊技能的审计人员,或利用专家的工作。因为各行业在经营业务、经营风险、财务报告、法规要求等方面的特殊性,注册会计师的专业分工细化成为一种趋势。必要时,要考虑利用信息技术、税务、评估、精算等方面的专家工作。

(3)提供更多的督导。对于财务报表层次重大错报风险较高的审计项目,高级别的成员一般具有较丰富的经验,要对其他成员提供更详细、经常、及时的指导和监督,并加强项目质量复核。

(4)在选择拟实施的进一步审计程序时加入更多的不可预见的因素。被审计单位人员,尤其是管理层,如果熟悉审计程序,就可能采取种种规避手段,掩盖财务报告中的舞弊行为,使审计程序失效。所以,注册会计师要考虑使某些程序不被审计单位管理层预见或事先了解。

实务中,注册会计师可通过以下方法提高审计程序的不可预见性:对某些以前未测试过的低于设定的重要性水平或风险较小的账户余额和认定实施实质性程序;调整实施审计程序的时间,使其超出被审计单位的预期;采取不同的审计抽样方法,使当期抽取的测试样本与以前有所不同;选取不同的地点实施审计程序,或预先不告知被审计单位所选定的测试地点。

表3-3列举了一些具有不可预见性的审计程序。

表 3-3 具有不可预见性的审计程序

审计领域	一些可能适用的具有不可预见性的审计程序
存货	向以前审计过程中接触不多的被审计单位员工询问，例如采购、销售、生产人员等
	在不事先通知被审计单位的情况下，选择一些以前未曾到过的盘点地点进行存货监盘
销售和应收账款	向以前审计过程中接触不多或未曾接触过的被审计单位员工询问，例如负责处理大客户账户的销售部人员
	改变实施实质性分析程序的对象，例如对收入按细类进行分析
	针对销售和销售退回延长截止测试期间
	实施以前未曾考虑过的审计程序，例如： （1）函证确认销售条款或选定销售额较不重要、以前未曾关注的销售交易，例如对出口销售实施实质性程序； （2）实施更细致的分析程序，例如使用计算机辅助审计技术复核销售及客户账户； （3）测试以前未曾函证过的账户余额，例如金额为负或是零的账户，或者余额低于以前设定的重要性水平的账户； （4）改变函证日期，即把所函证账户的截止日期提前或推迟； （5）对关联公司销售和相关账户余额，除进行函证外，再实施其他审计程序进行验证
采购和应付账款	如果以前未曾对应付账款余额普遍进行函证，可直接向供应商函证确认余额。如果经常采用函证方式，可改变函证的范围或时间
	对以前由于低于设定的重要性水平而未曾测试过的采购项目，进行细节测试
	运用计算机辅助审计技术审阅采购和付款账户，以发现一些特殊项目，例如是否有不同的供应商使用相同的银行账户
现金和银行存款	多选几个月的银行存款余额调节表进行测试
	对有大量银行账户的，改变抽样方法
固定资产	对以前由于低于设定的重要性水平而未曾测试过的固定资产进行测试，例如实地盘查一些价值较低的固定资产，如汽车和其他设备等
集团审计项目	修改组成部分审计工作的范围或区域，例如增加某些不重要组成部分的审计工作量，或实地去组成部分开展审计工作

（5）对拟实施审计程序的性质、时间安排和范围做出总体修改。财务报表层次的重大错报风险很可能源于薄弱的控制环境。有效的控制环境可以使注册会计师增强对内部控制和被审计单位内部产生的证据的信赖程度。如果控制环境存在缺陷，注册

会计师在对拟实施审计程序的性质、时间安排和范围做出总体修改时应当考虑：修改审计程序的性质，获取更具说服力的审计证据；在期末而非期中实施更多的审计程序；通过实施实质性程序获取更广泛的审计证据；增加拟纳入审计范围的经营地点的数量。

二、针对认定层次重大错报风险的进一步审计程序

1. 进一步审计程序的含义和考虑因素

进一步审计程序是相对风险评估程序而言的，是指注册会计师针对评估的各类交易、账户余额和披露的认定层次重大错报风险实施的审计程序，包括控制测试和实质性程序。注册会计师应当针对评估的认定层次重大错报风险设计并实施进一步审计程序，包括审计程序的性质、时间安排和范围。一般而言，认定层次重大错报风险评估越高，实施进一步审计程序的范围越大。

注册会计师在设计进一步审计程序时，应考虑以下因素：风险的重要性；重大错报发生的可能性；涉及的各类交易、账户余额和披露的特征；被审计单位采用的特定控制的性质；注册会计师是否拟获取审计证据，以确定内部控制在防止或发现并纠正重大错报方面的有效性。

综合上述因素，注册会计师对认定层次重大错报风险的评估为确定进一步审计程序的总体审计方案奠定了基础。通常而言，注册会计师出于成本效益的考虑可采用综合性方案设计进一步审计程序，即将测试控制运行的有效性与实质性程序结合使用。但在某些情况下（如仅通过实质性程序无法应对重大错报风险），注册会计师必须通过实施控制测试才可能有效应对评估出的某一认定的重大错报风险；而在另一些情况下（如注册会计师的风险评估程序未能识别出与认定相关的任何控制，或注册会计师认为控制测试很可能不符合成本效益原则），注册会计师可能认为仅实施实质性程序就是适当的。对小型被审计单位，控制活动可能较少，注册会计师实施的进一步审计程序可能主要是实质性程序。

需要特别注意的是，注册会计师对重大错报风险的评估实际上是一种主观判断，可能无法充分识别所有的重大错报风险，同时，内部控制存在固有局限（特别是当管理层凌驾于内部控制之上时）。因此，无论选择哪种方案，注册会计师都应当对所有重大类别的交易、账户余额和披露设计和实施实质性程序。

2. 进一步审计程序的性质

进一步审计程序的性质是指进一步审计的目的和类型。其目的包括通过实施控制测试以确定内部控制运行的有效性，通过实施实质性程序以发现认定层次的重大错报。其类型包括检查、观察、询问、函证、重新计算、重新执行和分析程序。

因为不同的审计程序应对特定认定错报风险的效力不同，如实施应收账款的函证程序可以为应收账款在某一时点存在认定提供审计证据，但通常不能为应收账款的计价认定提供证据，所以在应对评估的风险时，合理确定审计程序的性质尤为重要。

注册会计师应当根据认定层次重大错报风险的评估结果选择审计程序。评估的认

定层次重大错报风险越高，对通过实质性程序获取的审计证据的相关性和可靠性的要求越高，从而可能影响进一步审计程序的类型及综合运用。例如，当注册会计师判断某类交易协议的完整性存在更高的重大错报风险时，除了检查文件，注册会计师还可能决定向第三方询问或函证协议条款的完整性。

在确定拟实施的审计程序时，注册会计师还应当考虑评估的认定层次重大错报风险产生的原因，包括考虑各类交易、账户余额和披露的具体特征及内部控制。例如，注册会计师可能判断某类特定交易即使在不存在相关控制的情况下发生重大错报的风险仍较低，此时注册会计师可能认为仅实施实质性程序就可以获取充分、适当的审计证据。如果在实施进一步审计程序时拟利用被审计单位信息系统生成的信息，注册会计师应当就信息的准确性和完整性获取审计证据。例如，注册会计师在对被审计单位的存货期末余额实施实质性程序时，拟利用被审计单位信息系统生成的各个存货存放地点及余额清单，注册会计师应当获取关于这些信息的准确性和完整性的审计证据。

3. 进一步审计程序的时间

进一步审计程序的时间是指注册会计师何时实施进一步审计程序，或审计证据适用的期间或时点。进一步审计程序的时间选择关乎两个层面，即注册会计师在何时实施进一步审计程序，以及注册会计师选择获取什么期间或时点的审计证据。其目的是确保获取审计证据的效率和效果。

注册会计师可以在期中或期末实施控制测试或实质性程序。一般而言，当评估的重大错报风险较高时，注册会计师应当考虑在期末或接近期末实施实质性程序，或采用不通知的方式，或在管理层不能预见的时间实施审计程序。

注册会计师在确定何时实施审计程序时应考虑以下因素：

①控制环境。良好的控制环境可以抵消在期中实施进一步审计程序的局限性，使注册会计师在确定实施进一步审计程序的时间时有更大的灵活性。

②何时能得到相关信息。如某些控制活动可能仅在期中（或期中以前）发生，而之后可能难以再被观察到。此时，注册会计师若希望获取相关信息，则需要考虑能够获取相关信息的时间。

③错报风险的性质。如被审计单位可能为保证实现盈利目标在会计期末伪造销售合同以虚增收入，此时注册会计师需考虑在期末（资产负债表日）时点获取被审计单位截至期末所能提供的所有销售合同及相关资料，以防被审计单位在资产负债表日前伪造销售合同虚增收入的做法。

④审计证据适用的期间或时点。注册会计师应当根据需要获取的特定审计证据确定何时实施进一步审计程序。例如，为了获取资产负债表日的存货余额证据，显然不宜在与资产负债表日间隔过长的期间时点或期末以后时点实施存货监盘等相关审计程序。

需要注意注册会计师在选择进一步审计程序时间时也会存在限制选择的情况。某些审计程序只能在期末或期末以后实施，包括将财务报表与会计记录相核对，检查财务报表编制过程中做的会计调整等。如果被审计单位在期末或接近期末发生了重大交易，或重大交易在期末尚未完成，注册会计师应当考虑交易的发生或截止等认定可能存在的重大错报风险，并在期末或期末以后检查此类交易。

4. 进一步审计程序的范围

进一步审计程序的范围指实施进一步审计程序的数量，包括抽取的样本量、对某项控制活动的观察次数等。

在确定进一步审计程序的范围时，注册会计师应当考虑以下因素：

①确定的重要性水平。确定的重要性水平越低，注册会计师实施进一步审计程序的范围越广。

②评估的重大错报风险。评估的重大错报风险越高，对拟获取审计证据的相关性、可靠性要求越高，注册会计师实施进一步审计程序的范围就越广。

③计划获取的保证程度。计划获取的保证程度是指注册会计师计划通过所实施的审计程序对测试结果可靠性所获取的信心。计划获取的保证程度越高，对测试结果可靠性要求越高，注册会计师实施进一步审计程序的范围就越广。

随着重大错报风险的增加，注册会计师应当考虑扩大审计程序的范围。但只有当审计程序本身与特定风险相关时，扩大审计程序的范围才是有效的。

由于进一步审计程序的范围通常通过一定的抽样方法加以确定，所以注册会计师需要慎重考虑抽样过程对审计程序范围的影响是否能够有效实现审计目的。注册会计师使用恰当的抽样方法可得出有效结论，但也存在一些情况，使注册会计师依据样本得出的结论可能与依据总体实施同样的审计程序得出的结论不同，进而出现不可接受的风险。例如：从样本中选择的样本量过小；选择的抽样方法对实现特定目标不适当；未对发现的例外事项进行恰当追查；等等。实务中，注册会计师应当避免上述情况的出现，合理确定进一步审计程序的范围。

三、控制测试

1. 控制测试的含义

控制测试是测试控制运行的有效性，具体是指用于评价内部控制在防止或发现并纠正认定层次重大错报方面的运行是否有效的审计程序。需要特别注意"控制测试"和"了解内部控制"二者间的区别。了解内部控制是为了评价控制的设计是否合理以及确定控制是否得到执行，而控制测试是评价控制运行的有效性。两者需要获取的审计证据不同。

在测试控制运行有效性时，注册会计师应获取以下方面的审计证据：控制在所审计期间的相关时点是如何运行的；控制是否得到一贯执行；控制由谁或以何种方式执行。以上三方面的考虑说明控制运行有效性强调的是控制能够在各个不同时点按照既定设计得到一贯执行。因此，在了解控制是否得到执行时，注册会计师只需要抽取少量交易进行检查或观察某几个时点；但在测试控制运行有效性时，则需抽取足够数量的交易进行检查或对多个不同时点进行观察。

测试控制运行有效性和确定控制是否得到执行所获取的审计证据虽有区别，但亦有联系。为评价控制设计和确定控制执行而实施的某些风险评估程序还可能提供有关控制运行有效性的审计证据，注册会计师应当在考虑证据是否足以实现控制测试目的的基础上对其充分利用，以提高审计效率。

2. 控制测试的要求

控制测试并非在任何情况下都需要实施，只有出现下列情形之一时，注册会计师才应当实施控制测试：一是在评估认定层次重大错报风险时，预期控制的运行是有效的；二是仅实施实质性程序不足以提供认定层次充分、适当的审计证据。

如果在评估认定层次重大错报风险时预期控制的运行是有效的，注册会计师可能会认为与该控制有关的财务报表认定发生重大错报的可能性就不会很大，出于对成本效益的考虑，不需要实施很多的实质性程序，而是对相关控制在不同时点是否得到一贯执行进行测试，即实施控制测试。这种情况的前提是注册会计师通过了解内部控制后认为某项控制存在被信赖和利用的可能。

有些重大错报仅通过实质性程序是不足以应对的。比如在被审计单位对日常交易或与财务报表相关的其他数据采用高度自动化处理的情况下，审计证据可能仅以电子形式存在，此时审计证据的充分和适当主要取决于自动化信息系统相关控制的有效性。在这种情况下，仅通过实质性程序不足以获取充分、适当的审计证据，注册会计师必须实施控制测试。

另外，如果被审计单位在审计期间由于组织管理变更或技术更新更换信息系统，或因在不同时期使用不同控制造成控制运行的差异化，注册会计师应当考虑不同时期相应控制运行的有效性。

3. 控制测试的性质

控制测试的性质指控制测试使用的审计程序的类型及其组合。控制测试采用的审计程序有询问、观察、检查和重新执行。

①询问。注册会计师可以询问被审计单位内部员工，获取与内部控制运行有效性的相关信息。如向负责复核银行存款余额调节表的人员询问如何进行复核、复核的要点及对不符事项的处理等。为保证询问的真实性，注册会计师通常需要印证被询问者的答复，如向其他人员询问和检查执行控制时使用的报告、手册或其他文件。询问是一种有用的手段，但它必须与其他测试手段结合使用才能发挥作用。

②观察。观察是测试不留下书面记录的控制的运行情况的有效方法。通常而言，注册会计师通过观察直接获取的证据比间接获取的证据更可靠，但注册会计师要考虑观察到的控制在注册会计师不在场时可能未被执行的情况。

③检查。检查适用于留有书面证据的控制。例如，检查销售发票是否有复核人员签字，检查销售发票是否附有客户订购单和出库单，等等。

④重新执行。重新执行通过执行雇员执行过的任务来证实交易的结果。例如，注册会计师可能追查销售发票上的销售价格至授权价目表，检查运行时的有效性。在测试控制程序项目或其他计算机控制的有效性时，重新执行通常是最有效的。

实务中，注册会计师通常综合使用上述控制测试。因为询问不足以测试控制运行的有效性，所以注册会计师需要将询问和其他审计程序结合使用。而观察提供的证据仅限于观察发生的时点，故而将询问与检查或重新执行结合使用能够获取更高水平的保证。

另外，在确定控制测试的性质时，注册会计师应当遵循以下要求：

①考虑特定控制的性质。注册会计师应当根据特定控制的性质选择所需审计程序类型。例如，某些控制可能存在反映控制运行有效性的文件记录，此时，注册会计师可以检查这些文件记录来获取相关审计证据。

②考虑测试与认定直接相关和间接相关的控制。在设计控制测试时，注册会计师不仅要考虑与认定直接相关的证据，还要考虑这些控制所依赖的与认定间接相关的控制。例如，被审计单位可能针对超出信用额度的例外赊销交易设置报告和审核制度（直接相关），对此事项，注册会计师还要考虑与例外赊销报告中信息准确性有关的控制（间接相关）是否有效执行。

③如何对一项自动化的应用控制实施控制测试。对于一项自动化的应用控制，由于信息技术处理过程的内在一贯性，注册会计师可以利用该控制得以执行的审计证据和信息技术一般控制运行有效性的审计证据作为支持该项控制在有关期间运行有效性的重要审计证据。

控制测试的目的在于评价控制是否有效运行；细节测试的目的在于发现认定层次的重大错报。尽管目的不同，但注册会计师可以考虑针对同一交易同时实施控制测试和细节测试，以实现双重目的，提高审计效率。

需要特别注意的是，通过实质性程序未发现某项认定存在错报并不能说明与该认定有关的控制是有效运行的；但通过实质性程序发现某项认定存在错报，注册会计师应当在评价相关控制运行有效性时予以考虑。即注册会计师应考虑实施实质性程序发现的错报对评价相关控制运行有效性的影响（如降低对相关控制的信赖程度、调整实质性程序的性质、扩大实质性程序的范围等）。

4. 控制测试的时间

控制测试的时间包含何时实施控制测试和测试所针对的控制适用的时点或期间两层含义。如果测试特定时点的控制，注册会计师仅得到该时点控制运行有效性的审计证据；如果测试某一期间的控制，注册会计师可获取控制在该期间有效运行的审计证据。故注册会计师应根据控制测试的目的确定控制测试的时间，并确定拟信赖的相关控制的时点或期间。

实务中，注册会计师可能在期中实施进一步审计程序，而在期中实施控制测试具有更积极的作用。但是，即使注册会计师已获取有关控制在期中运行有效性的审计证据，仍要考虑如何能够将控制在期中运行有效性的审计证据合理延伸至期末，这就需要针对期中到期末这段期间获取充分、适当的审计证据。要实现这个目的，注册会计师应当实施以下审计程序。

①获取这些控制在剩余期间发生重大变化的审计证据。若这些控制在剩余期间没发生变化，注册会计师可能决定信赖期中获取的审计证据；若这些控制在剩余期间发

生变化（如信息系统、业务流程或人事管理等方面），注册会计师需要了解并测试控制的变化对期中审计证据的影响。

②确定针对剩余期间还需获取的补充审计证据。获取补充审计证据时，注册会计师应当考虑：评估的认定层次重大错报风险的重要程度；在期中测试的特定控制，以及自期中测试后发生的重大变动；在期中对有关控制运行有效性获取的审计证据的程度；剩余期间的长度；在信赖控制的基础上拟缩小实质性程序的范围；控制环境；等等。

注册会计师还应当考虑以前审计获取的有关控制运行有效性的审计证据，这是因为内部控制中的诸多因素对于被审计单位来说往往是稳定的。但内部控制在不同期间可能发生重大变化，注册会计师要综合考虑可能因素后做出决定。

如果控制在本期发生变化，注册会计师应当考虑以前审计获取的相关控制运行有效性的审计证据是否与本期审计有关；如果拟信赖的控制自上次测试后已发生变化，注册会计师应当在本期审计中测试这些控制的运行有效性；如果拟信赖的控制自上次测试后未发生变化，且不属于旨在减轻特别风险的控制，注册会计师应当运用职业判断确定是否在本期审计中测试其运行有效性，以及本次测试与上次测试的时间间隔，但每三年至少对控制测试一次。

对于旨在减轻特别风险的控制，无论该控制在本期是否发生变化，注册会计师都不应依赖以前审计获取的证据，必须在本期审计中测试控制的有效性。

5. 控制测试的范围

控制测试的范围指某项控制活动的测试次数。注册会计师应当设计控制测试，以获取控制在整个拟信赖的期间有效运行的充分、适当的审计证据。确定控制测试的范围时，注册会计师除考虑对控制的信赖程度，还要考虑以下因素：

①在拟信赖期间，被审计单位执行控制的频率。执行频率越高，控制测试的范围越大。

②审计期间注册会计师拟信赖控制运行有效性的时间长度。拟信赖期间越长，控制测试的范围越大。

③控制的预期偏差。预期偏差率越高，控制测试的范围越大。

④通过测试与认定相关的其他控制获取的审计证据的范围。针对同一认定，可能存在不同控制。针对其他控制获取审计证据的充分性和适当性较高时，控制测试的范围可适当缩小。

⑤拟获取的有关认定层次控制运行有效性的审计证据的相关性和可靠性。对控制运行有效性的拟信赖程度越高，控制测试的范围越大。

四、实质性程序

1. 实质性程序的含义

实质性程序是指用于发现认定层次重大错报的审计程序，包括对各类交易、账户余额和披露的细节测试及实质性分析程序。其获取的审计证据可以为发表审计意见提供充分、适当的审计证据。

因为注册会计师对重大错报风险的评估是主观判断，可能无法充分识别所有的重大错报风险，且由于内部控制存在固有局限，无论评估的重大错报风险结果如何，注册会计师都应当针对所有重大类别的交易、账户余额和列报实施实质性程序。

若评估的认定层次重大错报风险是特别风险，注册会计师应专门针对该风险实施实质性程序。如果认为管理层面临实现盈利指标的压力可能提前确认收入，注册会计师在设计询证函时不仅要考虑函证应收账款的账户余额，还要考虑函证销售协议的细节条款，并考虑在实施函证的基础上针对销售协议及其变动询问被审计单位的非财务人员。

若针对特别风险实施的程序仅为实质性程序，其应当包括细节测试，或将细节测试与实质性分析程序结合使用，以获取充分、适当的审计证据。

2. 实质性程序的性质

实质性程序的性质指实质性程序的类型及组合，其包括细节测试和实质性分析程序。细节测试是对各类交易、账户余额和披露的具体细节进行测试，目的在于直接识别财务报表认定是否存在错报。细节测试被用于获取与某些认定相关的审计证据，如存在、准确性、计价等。实质性分析程序从技术特征讲为分析程序，主要通过研究数据间关系评价信息，只是将该技术方法用作实质性程序。其通常适用于在一段时间内存在可预期关系的大量交易。

对于细节测试，注册会计师应当根据不同层次的重大错报风险设计有针对性的细节测试，获取充分、适当的审计证据。例如，在针对存在或发生认定设计细节测试时，注册会计师应选择包含在财务报表金额中的项目，并获取审计证据；在针对完整性认定设计细节测试时，注册会计师应选择有证据表明应包含在财务报表金额中的项目，并调查这些项目是否确实包含在内。

对于实质性分析程序，注册会计师在设计时应考虑如下因素。

①对特定认定使用实质性分析程序的适当性。

②对已记录的金额或比率做出预期时，所依据的内部或外部数据的可靠性。

③做出预测的准确程度是否足以在计划的保证水平上识别重大错报。

④已记录金额与预期值间可接受的差异额。

考虑到数据及分析的可靠性，在实施实质性分析程序时，如果使用被审计单位编制的信息，注册会计师应当考虑测试与这些信息编制相关的控制，并确认这些信息是否在本期或前期经过审计。

3. 实质性程序的时间

实质性程序的时间包含何时实施实质性程序和以前审计获取的证据适用的时点或期间两个层次。

注册会计师可以选择在期中或期末实施实质性程序，但是期中实施实质性程序在耗费审计资源的同时，获取的审计证据因不能直接作为期末财务报表认定的审计证据而需进一步的资源耗费，以将期中审计证据合理延伸至期末。此时，需要注册会计师根据以上两部分耗费资源的总和能否显著小于完全在期末实施实质性程序所需资源的情况来做出权衡。

实务中，注册会计师在决定是否在期中实施实质性程序时需考虑：

①控制环境和其他相关的控制。控制环境和其他相关的控制越薄弱，注册会计师越不宜在期中实施实质性程序。

②实施审计程序所需信息在期中之后的可获得性。如果难以获取，注册会计师应考虑在期中实施实质性程序。

③实质性程序的目的。若针对某项认定实施实质性程序的目的包括获取该认定的期中审计证据（从而与期末比较），注册会计师应在期中实施实质性程序。

④评估的重大错报风险。注册会计师评估的某项认定的重大错报风险越高，注册会计师越应当考虑集中于期末（或接近期末）实施实质性程序。

⑤特定类别交易或账户余额及相关认定的性质。如某些交易或账户余额及相关认定的特殊性质（如收入截止认定、未决诉讼）决定了注册会计师必须在期末（或接近期末）实施实质性程序。

⑥针对剩余期间，能否通过实施实质性程序或将实质性程序与控制测试相结合，降低期末存在错报而未被发现的风险。若针对剩余期间，注册会计师可以通过实施实质性程序或将实质性程序与控制测试相结合，较有把握地降低期末存在错报而未被发现的风险，注册会计师可以考虑在期中实施实质性程序；否则，不宜实施。

如果在期中实施了实质性程序，注册会计师应针对剩余期间实施进一步实质性程序或将实质性程序和控制测试相结合使用，以将期中测试得出的结论合理延伸至期末。

对于舞弊导致的重大错报风险（作为一类重要的特别风险），被审计单位存在故意错报或操纵的可能性，那么注册会计师更应慎重考虑能否将期中测试得出的结论延伸至期末。所以，如果已识别出由于舞弊导致的重大错报风险，注册会计师应当考虑在期末（或接近期末）实施实质性程序。

在以前审计中实施实质性程序获取的审计证据，通常对本期只有很弱的或没有证据效力，不足以应对本期的重大错报风险。只有当以前获取的审计证据及相关事项未发生重大变动时（如以前审计通过实质性程序测试过的某项诉讼在本期没有任何实质性进展），以前获取的审计证据才可能用作本期的有效审计证据。即使如此，如果拟利用以前审计中实施实质性程序获取的审计证据，注册会计师应当在本期实施审计程序，以确定上述证据是否具有持续相关性。

4. 实质性程序的范围

注册会计师在确定实质性程序的范围时，应考虑评估的认定层次重大错报风险和实施控制测试的结果。评估的认定层次重大错报风险越高，或对实施控制测试的结果不满意，需要实施实质性程序的范围越广。

在设计细节测试时，除了对样本量的考虑，注册会计师还需考虑选样方法的有效性。例如，从总体中选取大额或异常项目，而不是进行代表性抽样或分层抽样，则样本量可以小一些。

第四节 审计报告

一、审计报告的含义及作用

(一) 审计报告的含义

审计报告是指注册会计师根据独立审计准则的规定,在实施审计工作的基础上对被审计单位财务报表发表审计意见的书面文件,用于向公司董事会、全体股东及社会公众报告公司的财务运行情况。

其具有以下特征:

(1) 注册会计师应当按照审计准则的规定执行审计工作。
(2) 注册会计师在实施审计工作的基础上才能出具审计报告。
(3) 注册会计师通过对财务报表发表意见履行业务约定书约定的责任。
(4) 注册会计师应当以书面形式出具审计报告。

注册会计师应当将已审计的财务报表附于审计报告之后,以便财务报告使用者正确理解和使用财务报表,并防止被审计单位替换、更改已审计的财务报表。

(二) 审计报告的作用

1. 鉴证作用

注册会计师签发的审计报告,不同于政府审计和内部审计的审计报告,是以超然独立的第三者身份,对被审计单位财务报表合法性、公允性发表意见。这种意见,具有鉴证作用,得到了政府及其各部门和社会各界的普遍认可。政府有关部门,如财政部门、税务部门等,了解、掌握企业的财务状况和经营成果的主要依据是企业提供的财务报表。财务报表是否合法、公允,主要依据注册会计师的审计报告做出判断。股份制企业的股东主要依据注册会计师的审计报告来判断被投资企业的财务报表是否公允地反映了财务状况和经营成果,以进行投资决策等。

2. 保护作用

注册会计师通过审计,可以对被审计单位财务报表出具不同类型审计意见的审计报告,以提高或降低财务报表信息使用者对财务报表的信赖程度,能够在一定程度上对被审计单位的财产、债权人和股东的权益及企业利害关系人的利益起到保护作用。例如,投资者为了减少投资风险,在进行投资之前,必须要查阅被投资企业的财务报表和注册会计师的审计报告,了解被投资企业的经营情况和财务状况。投资者根据注册会计师的审计报告做出投资决策,可以降低其投资风险。

3. 证明作用

审计报告是对注册会计师审计任务完成情况及其结果所做的总结，它可以表明审计工作的质量并明确注册会计师的审计责任。因此，审计报告可以对审计工作质量和注册会计师的审计责任起证明作用。通过审计报告，可以证明注册会计师在审计过程中是否实施了必要的审计程序，是否以审计工作底稿为依据发表审计意见，发表的审计意见是否与被审计单位的实际情况相一致，审计工作的质量是否符合要求。通过审计报告，可以证明注册会计师审计责任的履行情况。

二、审计报告的种类

审计报告是注册会计师审计工作的产物，根据其在审计工作进程中获得证据的全面、有效与否，分别出具标准审计报告（也称无保留意见）和非标准审计报告，其中非标准审计报告又包括保留意见、否定意见和无法表示意见三类。

具体而言，如果认为财务报表在所有重大方面均按照适用的财务报告编制基础编制并实现公允反映，注册会计师应当发表无保留意见。当存在下列情形时，注册会计师应按照《中国注册会计师审计准则第1502号——在审计报告中发表非无保留意见》的规定，在审计报告中发表非无保留意见：

（1）根据获取的审计证据，得出财务报表整体存在重大错报的结论。

（2）无法获取充分、适当的审计证据，不能得出财务报表整体不存在重大错报的结论。

如果财务报表没有实现公允反映，注册会计师应当就该事项与管理层讨论，并根据适用的财务报告编制基础的规定和该事项得到解决的情况，决定是否有必要按照《中国注册会计师审计准则第1502号——在审计报告中发表非无保留意见》的规定在审计报告中发表非无保留意见。

三、无保留意见审计报告

1. 出具标准审计报告的条件

注册会计师出具标准审计报告需要满足以下条件：

（1）审计范围未受到重大限制，获取的审计证据充分、适当。

（2）根据获取的审计证据，得出财务报表不存在重大错报的结论。

（3）不存在需要说明、强调的事项和其他事项。

2. 标准审计报告的要素

无保留意见审计报告主要包含以下九个要素：

（1）标题。审计报告应当具有标题，统一规范为"审计报告"。

（2）收件人。审计报告收件人是指注册会计师按照业务约定书的要求致送审计报告的对象，一般为审计业务的委托人，现实中，通常为被审计单位的股东或治理层。注册会计师应当与委托人在业务约定书中约定致送审计报告的对象，以防止在该问题上发生分歧或审计报告被委托人滥用。

(3) 审计意见。审计意见由两部分构成，第一部分指出已审计财务报表，应包括以下内容：

①被审计单位的名称。
②说明财务报表已经过审计。
③构成整套财务报表的每一财务报表的名称。
④提及财务报表附注。
⑤指明构成整套财务报表的每一财务报表的日期或涵盖期间。

可进行如下说明："我们审计了被审计单位的财务报表，包括（指明适用的财务报告编制基础规定的构成整套财务报表的每一财务报表的名称、日期或涵盖期间）以及财务报表附注、重大会计政策和会计估计。"

第二部分说明注册会计师发表的审计意见。如果发表无保留意见，除非法律法规另有规定，审计意见应当使用"我们认为，财务报表在所有重大方面按照（适用的财务报告编制基础）编制，公允反映了（……）"的措辞。

(4) 形成审计意见的基础。审计报告应当包含"形成审计意见的基础"部分，用来提供关于审计意见的重要背景，并紧接在审计意见之后，包含以下方面：

①说明注册会计师按照审计准则的规定执行了审计工作。
②提及审计报告中用于描述审计准则规定的注册会计师责任的部分。
③声明注册会计师按照与审计相关的职业道德要求对被审计单位保持了独立性，并履行了职业道德方面的其他责任。应指明适用的职业道德要求，如《中国注册会计师职业道德守则》。
④说明注册会计师是否相信获取的审计证据是充分、适当的，为发表审计意见提供了基础。

(5) 管理层对财务报表的责任。审计报告应当包含"管理层对财务报表的责任"部分，说明管理层负责下列方面：

①按照适用的财务报告编制基础编制财务报表，使其实现公允反映，并设计、执行和维护必要的内部控制，以使财务报表不存在由于舞弊或错误而导致的重大错报；
②评估被审计单位的持续经营能力和使用持续经营假设是否适当，并披露与持续经营相关的事项（如适用）。对管理层评估责任的说明应当包括描述在何种情况下使用持续经营假设是正当的。

(6) 注册会计师对财务报表审计的责任。审计报告应当包含"注册会计师对财务报表审计的责任"部分，该部分应当包括以下内容：

①注册会计师的目标是对财务报表整体是否存在由于舞弊或错误导致的重大错报获取合理保证，并出具包含审计意见的审计报告。
②说明合理保证是高水平的保证，但按照审计准则执行的审计并不能保证一定会发现存在的重大错报。
③说明错报可能由于舞弊或错误导致。
④说明在按照审计准则执行审计工作的过程中，注册会计师运用职业判断，并保

持职业怀疑。

⑤通过对审计工作进行描述，说明注册会计师的责任——识别和评估由于舞弊或错误导致的财务报表重大错报风险，设计和实施审计程序应对这些风险，并获取充分、适当的审计证据作为发表审计意见的基础；了解与审计相关的内部控制，以设计恰当的审计程序，但并非对内部控制有效性发表意见；评价管理层选用会计政策的适当性和做出会计估计及相关披露的合理性；对管理层使用持续经营假设的恰当性得出结论；评价财务报表的总体列报、结构和内容，并评价财务报表是否公允反映相关交易和事项。

⑥说明注册会计师与治理层就计划的审计范围、时间安排和重大审计发现等事项进行沟通，包括沟通在审计中识别的值得关注的内部控制缺陷。

⑦对于上市实体财务报表审计，指出注册会计师就已遵守与独立性相关的职业道德要求向治理层提供声明，并与治理层沟通可能影响注册会计师独立性的所有关系和其他事项，以及相关的防范措施（如适用）。

⑧对于上市实体财务报表审计，以及决定按照《中国注册会计师审计准则第1504号——在审计报告中沟通关键审计事项》的规定沟通关键审计事项的其他情况，说明注册会计师从已与治理层沟通的事项中确定哪些事项对本期财务报表审计最为重要，因而构成关键审计事项。注册会计师应当在审计报告中描述这些事项，除非法律法规禁止公开披露这些事项，或在极少数情况下，注册会计师合理预期在审计报告中沟通某事项造成的负面后果超过在公众利益方面产生的益处，因而决定不应在审计报告中沟通该事项。

（7）注册会计师的签名和盖章。审计报告应当由项目合伙人和另一名负责该项目的注册会计师签名和盖章。在审计报告中指明项目合伙人有助于增强对审计报告使用者的透明度，有利于增强项目合伙人的责任感。

（8）会计师事务所的名称、地址和盖章。审计报告还应载明会计师事务所的名称和地址，并加盖会计师事务所公章。

根据《中华人民共和国注册会计师法》的规定，注册会计师承办业务，由其所在的会计师事务所统一受理并与委托人签订委托合同。因此，除注册会计师签名和盖章外，审计报告还应载明会计师事务所的名称和地址，并加盖会计师事务所公章。审计报告在载明会计师事务所地址时，标明会计师事务所所在城市即可。

（9）报告日期。审计报告应当注明报告日期。审计报告的日期不应早于获取充分、适当的审计证据（包括管理层认可对财务报表的责任且已批准财务报表的证据），并在此基础上对财务报表形成审计意见的日期。在确定审计报告日期时，应当确信已获取下列两方面的审计证据：

①构成整套财务报表的所有报表（及相关附注）已编制完成。

②被审计单位的董事会、管理层或类似机构已经认可其对财务报表负责。

审计报告的日期向审计报告使用者表明，注册会计师已考虑其知悉的、截至审计报告日发生的事项和交易的影响。注册会计师对审计报告日后发生的事项和交易的责任，在《中国注册会计师审计准则第 1332 号——期后事项》中做出了规定。

审计报告的日期非常重要。因为注册会计师对不同时段的财务报表日后事项有着不同的责任，而审计报告的日期正是划分时段的关键时点。因为审计意见是针对财务报表发表的，并且编制财务报表是管理层责任，所以，只有在注册会计师获取证据表明构成整套财务报表的所有报表（及相关附注）已编制完成，并且管理层已认可其对财务报表负责的情况下，注册会计师才能得出获取充分、适当的审计证据的结论。

在审计实务中，注册会计师在正式签署审计报告前，通常将审计报告草稿和按审计调整建议修改后的财务报表草稿提交给管理层。如果管理层批准并签署已按审计调整建议修改后的财务报表，注册会计师即可签署审计报告。注册会计师签署审计报告的日期通常与管理层签署已审计财务报表的日期为同一天，或晚于管理层签署已审计财务报表的日期。在审计报告日期晚于管理层签署已审计财务报表的日期时，应当获取自管理层声明书到审计报告日期之间的进一步审计证据，如补充的管理层说明书。

3. 标准审计报告格式范例

标准审计报告的参考格式如格式 3-1 所示。

格式 3-1 标准审计报告范例

审计报告

审计意见类型	标准的无保留意见
审计报告签署日期	2019 年 4 月 25 日
审计机构名称	立信会计师事务所（特殊普通合伙）
审计报告文号	信会师报字 [2019] 第 ZA13128 号
注册会计师姓名	谢骞、陈璐瑛

绵阳富临精工机械股份有限公司全体股东：

一、对财务报表出具的审计报告

（一）审计意见

我们审计了绵阳富临精工机械股份有限公司（以下简称"富临精工"）财务报表，包括 2018 年 12 月 31 日的合并及母公司资产负债表，2018 年度的合并及母公司利润表、合并及母公司现金流量表、合并及母公司股东权益变动表以及相关财务报表附注。

我们认为，后附的财务报表在所有重大方面按照企业会计准则的规定编制，公允反映了富临精工 2018 年 12 月 31 日的合并及母公司财务状况，以及 2018 年度的合并及母公司经营成果和现金流量。

（二）形成审计意见的基础

我们按照中国注册会计师审计准则的规定执行了审计工作。审计报告的"注册会计师对财务报表审计的责任"部分进一步阐述了我们在这些准则下的责任。按照中国注册会计师职业道德守则，我们独立于富临精工，并履行了职业道德方面的其他责任。我们相信，我们获取的审计证据是充分、适当的,为发表审计意见提供了基础。

(三) 关键审计事项

关键审计事项是我们根据职业判断,认为对本期财务报表审计最为重要的事项。这些事项的应对以对财务报表整体进行审计并形成审计意见为背景,我们不对这些事项单独发表意见。我们确定下列事项是需要在审计报告中沟通的关键审计事项。

关键审计事项	该事项在审计中是如何应对的
1. 商誉减值准备	
请参阅合并财务报表附注"三、重要会计政策和会计估计"注释(十七)所述的会计政策及"五、合并财务报表项目附注"注释(十二)。 截至 2018 年 12 月 31 日,富临精工合并财务报表中商誉的账面原值合计人民币 1,562,920,445.24 元,相应的减值准备余额为人民币 1,562,920,445.24 元,其中本期计提减值准备人民币 1,550,744,238.96 元。富临精工管理层根据《企业会计准则第 8 号——资产减值》对商誉减值的处理规定,对企业合并所形成的商誉,在每年年度终了进行减值测试。管理层依据其聘任的外部评估师出具的评估报告确定应计提的商誉减值准备。 商誉减值测试在预计未来现金流现值时所采用的关键参数、假设和估计,特别是确定收入增长率、永续增长率、成本上涨,以及确定所应用的风险调整折现率时,均存在固有不确定性和可能受到管理层偏好的影响。 由于商誉的减值预测和折现未来现金流量涉及固有不确定性,以及管理层在选用假设和估计时可能出现偏好的风险,我们将评估商誉的减值作为关键审计事项。	我们就计提商誉减值准备实施的审计程序包括: (1) 我们评估及测试了与商誉减值测试相关的内部控制的设计及执行的有效性,包括关键假设的采用及减值计提金额的复核及审批; (2) 评价管理层委聘的外部估值专家的胜任能力、专业素质和客观性; (3) 引入估值专家对管理层商誉减值测试及第三方评估报告进行复核,评估减值测试及评估报告中使用的关键假设及公允价值估值模型; (4) 由估值专家对管理层在商誉减值测试中计算资产组未来现金流现值时采用的假设,如增长率、折现率进行复核,获取这些参数的相关依据并结合历史数据及行业数据判断其合理性; (5) 我们获取了管理层编制的商誉减值测试表,检查了其计算准确性。
2. 收入确认	
请参阅合并财务报表附注"三、重要会计政策和会计估计"注释(二十一)所述的会计政策及"五、合并财务报表项目附注"注释(三十)。 富临精工主要从事研发、制造、销售汽车零部件和汽车机电产品,2018 年度实现营业收入人民币 1,478,554,918.62 元,其中汽车零部件销售收入为人民币 1,375,075,132.80 元,占营业收入总额 93.00%。	我们就收入确认实施的审计程序包括: (1) 了解和评价销售与收款循环的内部控制的设计和运行的有效性; (2) 选取样本检查销售合同,识别与商品所有权上的风险和报酬转移相关的合同条款与条件,评价收入确认时点是否符合富临精工根据企业会计准则制定的相关收入确认政策;

续表

关键审计事项	该事项在审计中是如何应对的
富临精工收入的确认政策已将商品所有权上的主要风险和报酬转移给购货方;既没有保留通常与所有权相联系的继续管理权,也没有对已售出的商品实施有效控制;收入的金额能够可靠地计量;相关的经济利益很可能流入本公司;相关的、已发生或将发生的成本能够可靠地计量。对于内销主机厂的收入确认,在收到主机厂领用产品并验收合格后的开票通知单开具发票并确认收入;其他客户收入确认:根据销售合同约定,按照客户要求发货,经客户验收确认后开具发票,并确认销售收入。 富临精工汽车零件销售收入金额重大且为关键业绩指标;另一方面,富临精工目前存在期末已发货但由于在途或根据与部分主机厂合同的约定存放于主机厂处未实际售出而导致未达到收入确认标准的产品,可能存在收入确认的相关风险。因此,我们将收入的确认作为关键审计事项。	(3) 结合产品类型对收入以及毛利情况执行分析,判断本期收入金额是否出现异常波动的情况; (4) 从销售收入的会计记录中选取样本,与销售相关的合同、客户开票通知单以及客户供应商系统记录做交叉核对; (5) 针对年末存放于主机厂三方仓库处但未确认收入的产品,选取主机厂三方仓库执行现场监盘程序; (6) 对主要客户进行函证; (7) 对资产负债表日前后记录的收入交易进行截止测试,评价收入是否被记录于恰当的会计期间。
3. 应收账款的可收回性	
请参阅财务报表附注"三、公司重要会计政策和会计估计"注释(八)所述的会计政策及"五、合并财务报表项目附注"注释(二)。 截至 2018 年 12 月 31 日,富临精工合并财务报表中应收账款的期末余额为人民币 1,610,966,054.37 元,坏账准备为人民币 1,054,999,527.19 元。 管理层在确定应收账款预计可收回金额时需要评估相关客户的信用情况,包括可获抵押或质押物状况以及实际还款情况等因素。由于管理层在确定应收账款预计可收回金额时需要运用重大会计估计和判断,且影响金额重大,为此我们确定应收账款的可收回性为关键审计事项。	我们就应收账款的可收回性实施的审计程序包括: (1) 了解、评估并测试管理层对应收账款账龄分析以及确定应收账款坏账准备相关的内部控制,包括有关识别减值客观证据和计算减值准备的控制; (2) 对管理层编制的应收账款账龄分析进行了复核; (3) 对于单项金额重大的应收账款进行了测试,复核管理层对预计未来可获得的现金流量做出估计的依据及合理性; (4) 对于管理层按照信用风险特征组合计提坏账准备的应收账款,评价管理层确定的坏账准备计提比例是否合理; (5) 实施函证程序,并将函证结果与管理层记录的金额进行了核对; (6) 结合期后回款情况检查,评价管理层坏账准备计提的合理性。

（四）其他信息

富临精工管理层（以下简称"管理层"）对其他信息负责。其他信息包括富临精工2018年年度报告中涵盖的信息，但不包括财务报表和我们的审计报告。

我们对财务报表发表的审计意见不涵盖其他信息，我们也不对其他信息发表任何形式的鉴证结论。

结合我们对财务报表的审计，我们的责任是阅读其他信息，在此过程中，考虑其他信息是否与财务报表或我们在审计过程中了解到的情况存在重大不一致或者似乎存在重大错报。

基于我们已执行的工作，如果我们确定其他信息存在重大错报，我们应当报告该事实。在这方面，我们无任何事项需要报告。

（五）管理层和治理层对财务报表的责任

管理层负责按照企业会计准则的规定编制财务报表，使其实现公允反映，并设计、执行和维护必要的内部控制，以使财务报表不存在由于舞弊或错误导致的重大错报。

在编制财务报表时，管理层负责评估富临精工的持续经营能力，披露与持续经营相关的事项（如适用），并运用持续经营假设，除非计划进行清算、终止运营或别无其他现实的选择。

治理层负责监督富临精工的财务报告过程。

（六）注册会计师对财务报表审计的责任

我们的目标是对财务报表整体是否不存在由于舞弊或错误导致的重大错报获取合理保证，并出具包含审计意见的审计报告。合理保证是高水平的保证，但并不能保证按照审计准则执行的审计在某一重大错报存在时总能发现。错报可能由于舞弊或错误导致，如果合理预期错报单独或汇总起来可能影响财务报表使用者依据财务报表做出的经济决策，则通常认为错报是重大的。

在按照审计准则执行审计工作的过程中，我们运用职业判断，并保持职业怀疑。同时，我们也执行以下工作：

（1）识别和评估由于舞弊或错误导致的财务报表重大错报风险，设计和实施审计程序以应对这些风险，并获取充分、适当的审计证据，作为发表审计意见的基础。由于舞弊可能涉及串通、伪造、故意遗漏、虚假陈述或凌驾于内部控制之上，未能发现由于舞弊导致的重大错报的风险高于未能发现由于错误导致的重大错报的风险。

（2）了解与审计相关的内部控制，以设计恰当的审计程序，但目的并非对内部控制的有效性发表意见。

（3）评价管理层选用会计政策的恰当性和做出会计估计及相关披露的合理性。

（4）对管理层使用持续经营假设的恰当性得出结论。同时，根据获取的审计证据，就可能导致对富临精工持续经营能力产生重大疑虑的事项或情况是否存在重大不确定性得出结论。如果我们得出结论认为存在重大不确定性，审计准则要求我们在审计报告中提请报表使用者注意财务报表中的相关披露；如果披露不充分，我们应当发表非无保留意见。我们的结论基于截至审计报告日可获得的信息。然而，未来的事项或情况可能导致富临精工不能持续经营。

（5）评价财务报表的总体列报、结构和内容（包括披露），并评价财务报表是否公允反映相关交易和事项。

（6）就富临精工中实体或业务活动的财务信息获取充分、适当的审计证据，以对财务报表发表审计意见。我们负责指导、监督和执行集团审计，并对审计意见承担全部责任。

我们与治理层就计划的审计范围、时间安排和重大审计发现等事项进行沟通，包括沟通

> 我们在审计中识别出的值得关注的内部控制缺陷。
>
> 　　我们还就已遵守与独立性相关的职业道德要求向治理层提供声明,并与治理层沟通可能被合理认为影响我们独立性的所有关系和其他事项,以及相关的防范措施(如适用)。
>
> 　　从与治理层沟通过的事项中,我们确定哪些事项对本期财务报表审计最为重要,因而构成关键审计事项。我们在审计报告中描述这些事项,除非法律法规禁止公开披露这些事项,或在极少数情形下,如果合理预期在审计报告中沟通某事项造成的负面后果超过在公众利益方面产生的益处,我们确定不应在审计报告中沟通该事项。
>
> 　　二、按照相关法律法规的要求报告的事项
> 　　[本部分的格式和内容,取决于法律法规对其他报告责任的性质的规定。法律法规规定的事项(其他报告责任)应当在本部分处理,除非其他报告责任与审计准则所要求的报告责任涉及相同的主题。如果涉及相同的主题,其他报告责任可以在审计准则所要求的同一报告要素部分中列示。当其他报告责任和审计准则规定的报告责任涉及同一主题,并且审计报告中的措辞能够将其他报告责任与审计准则规定的责任予以清楚地区分(如差异存在)时,允许将两者合并列示(即包含在"对财务报表出具的审计报告"部分中,并使用适当的副标题)。]
> 　　……
> 　　立信会计师事务所中国注册会计师:(项目合伙人)(盖章)(签名并盖章)
> 　　　　中国注册会计师:
> 　　　　　　(签名并盖章)
> 　　中国××市二〇一九年四月二十五日

4. 在审计报告中沟通关键审计事项

《中国注册会计师审计准则第1504号——在审计报告中沟通关键审计事项》要求注册会计师在上市实体整套通用目的财务报表审计报告中增加关键审计事项部分,用于沟通关键审计事项[①]。关键审计事项是指注册会计师根据职业判断认为对当期财务报表审计最为重要的事项。在审计报告中沟通关键事项,可以提高已执行审计工作的透明度,为财务报表使用者提供额外的信息,并为财务报表预期使用者就与被审计单位、已审计财务报表或已执行审计工作相关事项的进一步与管理层和治理层沟通提供基础。

注册会计师在确定关键审计事项时,应该遵循以下顺序:

(1)以"与治理层沟通的事项"为起点选择关键审计事项;

(2)从"与治理层沟通的事项"中选出"在执行审计工作时重点关注过的事项";

(3)从"在执行审计工作时重点关注过的事项"中选出"最为重要的事项",从而构成关键审计事项。

一般情况下,在审计报告中沟通关键事项是符合公众利益的。然而,因个别情况

---

① 除非法律法规另有规定,当对财务报表发表无法表示意见时,注册会计师不得在审计报告中包含关键审计事项部分。

下关键审计事项可能涉及"敏感信息",沟通这些信息可能为被审计单位带来严重的负面影响;或者法律法规禁止公开披露某些事项。所以,在上述两种情况下,尤其当注册会计师合理预期沟通关键审计事项的负面后果超过产生的公众利益时,不应在审计报告中沟通该事项。

四、非无保留意见审计报告

(一) 出具非无保留意见审计报告的情形

非无保留意见包含保留意见、否定意见或无法表示意见。

存在下列情形之一时,注册会计师应出具非无保留意见审计报告。

(1) 根据获取的审计证据,得出财务报表整体存在重大错报的结论。

错报指某一财务报表项目的金额、分类、列报或披露,与按照适用的财务报告编制基础应当列示的金额、分类、列报或披露之间存在差异。财务报表的重大错报可能源于:

①选择的会计政策不适当。例如,选择的会计政策与适用的财务报告编制基础不一致;财务报表(包括相关附注)没有按照公允列报的方式反映交易和事项。

②对所选择会计政策的运用不当。例如,管理层没有按照适用的财务报表编制基础的要求一贯运用所选择的会计政策,包括管理层未在不同会计期间或对相似的交易和事项一贯运用所选择的会计政策。

③财务报表的披露不恰当或不充分。例如,财务报表没有包括适用的财务报告编制基础要求的所有披露;财务报表的披露没有按照适用的财务报告编制基础要求的所有列报;财务报表没有做出必要的披露以实现公允反映。

(2) 无法获取充分、适当的审计证据,不能得出财务报表整体不存在重大错报的结论。

若注册会计师能够通过实施替代程序获取充分、适当的审计证据,则无法实施特定的程序且不构成对审计范围的限制。下列情形可能导致注册会计师无法获取充分、适当的审计证据(也称为审计范围受到限制):

①超出被审计单位控制的情形。例如,被审计单位的会计记录已被毁坏;重要组成部分的会计记录已被政府有关机构无限期查封。

②与注册会计师工作的性质或时间安排相关的情形。例如,被审计单位需要使用权益法对联营企业进行核算,注册会计师无法获取有关联营企业财务信息的充分、适当的审计证据以评价是否恰当运用了权益法;注册会计师接受审计委托的时间安排使注册会计师无法实施存货监盘;注册会计师确定仅实施实质性程序是不充分的,但被审计单位的控制是无效的;等等。

③管理层施加限制的情形。例如,管理层阻止注册会计师实施存货监盘;管理层阻止注册会计师对特定账户余额实施函证等。

(二) 非无保留意见审计报告类型的确定

非无保留意见类型,取决于以下事项:

（1）导致非无保留意见事项的性质是财务报表存在重大错报还是在无法获取充分、适当的审计证据的情况下，财务报表可能存在重大错报；

（2）注册会计师就导致非无保留意见的事项对财务报表产生或可能产生影响的广泛性的判断。

广泛性是描述错报影响的术语，用来说明错报对财务报表的影响，或由于无法获取充分、适当的审计证据而未发现的错报（若存在）对财务报表可能产生的影响。对财务报表的影响具有广泛性的情形包括：

（1）不限于对财务报表的特定要素、账户或项目产生影响；

（2）虽然仅对财务报表的特定要素、账户或项目产生影响，但这些要素、账户或项目是或可能是财务报表的主要组成部分；

（3）当与披露相关时，产生的影响对财务报表使用者理解财务报表至关重要。

确定非无保留意见类型的思路见表 3-4。

表 3-4 确定非无保留意见类型思路表

导致发表非无保留意见事项的性质	这些事项对财务报表产生或可能产生影响的广泛性	
	重大但不具有广泛性	重大且具有广泛性
财务报表存在重大错报	保留意见	否定意见
无法获取充分、适当的审计证据	保留意见	无法表示意见

1. 发表保留意见

存在下列情形之一时，注册会计师应发表保留意见：

（1）在获取充分、适当的审计证据后，注册会计师认为错报单独或汇总起来对财务报表影响重大，但不具有广泛性。

获取充分、适当的审计证据是发表保留意见的前提，只有认为财务报表就整体而言是公允的，但还存在对财务报表产生重大影响的错报，才能发表保留意见。如果注册会计师认为财务报表就整体而言是公允的，且不存在对财务报表产生重大影响的错报，应当发表无保留意见；如果认为财务报表就整体而言是不公允的，即错报对财务报表产生的影响极为严重且具有广泛性，则应发表否定意见。因此，保留意见被视为注册会计师在不能发表无保留意见情况下最不严厉的审计意见。

（2）无法获取充分、适当的审计证据以作为形成审计意见的基础，未发现的错报（若存在）对财务报表可能产生的影响重大，但不具有广泛性。

因审计范围受到限制而发表保留意见或无法表示意见，取决于无法获取的审计证据对形成审计意见的重要性，包括有关事项潜在影响的性质和范围及在财务报表中的重要程度。只有当未发现的错报（若存在）对财务报表可能产生的影响重大但不具有广泛性时，才能发表保留意见。

2. 发表否定意见

在获取充分、适当的审计证据后，如果认为错报单独或汇总起来对财务报表的影响重大且具有广泛性,注册会计师应当发表否定意见。

3. 发表无法表示意见

如果无法获取充分、适当的审计证据以作为形成审计意见的基础,但认为未发现的错报(若存在)对财务报表可能产生的影响重大且具有广泛性,注册会计师应当发表无法表示意见。

在特殊情况下,可能存在多个不确定事项。即使注册会计师对每个单独的不确定事项获取了充分、适当的审计证据,但由于不确定事项间可能存在相互影响及可能对财务报表产生累积影响,注册会计师不可能对财务报表形成审计意见。这种情况下,应当发表无法表示意见。

在确定非无保留意见类型时,还应注意两点:

一是在承接审计业务后,如果注意到管理层对审计范围施加了限制,且认为这些限制可能导致对财务报表发表保留意见或无法表示意见,注册会计师应当要求管理层消除这些限制;二是如果认为有必要对财务报表整体发表否定意见或无法表示意见,注册会计师不应在同一审计报告中对按照相同财务报表编制基础编制的单一财务报表或财务报表特定要素、账户或项目发表无保留意见。

(三)非无保留意见审计报告的内容和格式

1. 导致非无保留意见的事项段

(1)审计报告格式和内容的一致性。若对财务报表发表非无保留意见,除在审计报告中包含《中国注册会计师审计准则第 1501 号——对财务报表形成审计意见和出具审计报告》规定的审计报告要素外,还应当直接在审计意见段之后增加一个部分,并使用类似"形成保留意见的基础""形成否定意见的基础""形成无法表示意见的基础"等字眼说明导致发表非无保留意见的事项。

(2)量化财务影响。如果财务报表中存在与具体金额(含定量披露)相关的重大错报,注册会计师应当在导致非无保留意见的事项段中说明并量化该错报的财务影响。例如,若存货被高估,注册会计师可在审计报告中形成保留/否定/无法表示意见的基础部分说明该重大错报的财务影响,即量化其对所得税、税前利润、净利润和所有者权益的影响。若无法量化财务影响,注册会计师也应当在基础部分说明该情况。

(3)存在与叙述性披露相关的重大错报。若财务报表中存在与叙述性披露相关的重大错报,注册会计师应当在形成非无保留意见的基础部分解释该错报错在何处。

(4)存在与应披露而未披露信息相关的重大错报。如果财务报表中存在与应披露而未披露信息相关的重大错报,注册会计师应当:

①与治理层讨论未披露信息的情况;

②在形成非无保留意见的基础部分描述未披露信息的性质;

③如果可行且已针对未披露信息获取了充分、适当的审计证据,在形成非无保留意见的基础部分包含对未披露信息的披露,除非法律法规禁止。

注意存在下列情形之一时,在形成非无保留意见的基础部分披露遗漏信息是不可行的:

①管理层还没有做出这些披露，或管理层已做出但注册会计师不易获取这些披露；

②根据注册会计师的判断，在审计报告中披露该事项过于庞杂。

（5）无法获取充分、适当的审计证据。如果因无法获取充分、适当的审计证据而导致发表非无保留意见，注册会计师应当在形成非无保留意见的基础部分说明无法获取审计证据的原因。

（6）披露其他事项。即使发表了否定意见或无法表示意见，注册会计师也应当在形成非无保留意见的基础部分说明注意到的、将导致发表非无保留意见的所有其他事项及其影响。因为对注册会计师注意到的其他事项的披露可能与财务报表使用者的信息需求相关。

2. 审计意见段

（1）标题。发表非无保留意见时，注册会计师应当对审计意见段使用恰当的标题，如"保留意见""否定意见"或"无法表示意见"。审计意见段的标题能够使财务报表使用者清楚注册会计师发表了非无保留意见，并能够表明非无保留意见的类型。

（2）发表保留意见。由于财务报表存在重大错报而发表保留意见时，注册会计师应当根据适用的财务报告编制基础在审计意见段说明：注册会计师认为，除了形成保留意见的基础部分所述事项产生的影响外，财务报表在所有重大方面按照适用的财务报告编制基础编制，并实现公允反映。

由于无法获取充分、适当的审计证据而导致发表保留意见时，注册会计师应当在审计意见段中使用"除……可能产生的影响外"等措辞。

（3）发表否定意见。发表否定意见时，注册会计师应当根据适用的财务报告编制基础在审计意见段说明：注册会计师认为，由于形成否定意见的基础部分所述事项的重要性，财务报表没有在所有重大方面按照适用的财务报告编制基础编制，未能实现公允反映。

（4）发表无法表示意见。由于无法获取充分、适当的审计证据而发表无法表示意见时，注册会计师应当在审计意见段说明：由于形成无法表示意见的基础部分所述事项的重要性，注册会计师无法获取充分、适当的审计证据以为发表审计意见提供基础，因此，注册会计师不对这些财务报表发表审计意见。

3. 非无保留意见对审计报告要素内容的修改

发表保留意见或否定意见时，注册会计师应当修改形成无保留意见的基础部分的描述以说明：注册会计师相信，已获取的审计证据是充分、适当的，为发表非无保留意见提供了基础。

由于无法获取充分、适当的审计证据而发表无法表示意见时，注册会计师应当修改审计报告的审计意见段，说明：注册会计师接受委托审计财务报表；注册会计师不对后附的财务报表发表审计意见；由于形成无法表示意见的基础部分所述事项的重要性，注册会计师无法获取充分、适当的审计证据以为发表审计意见提供基础。

注册会计师对财务报表发表无法表示意见时,应当修改无保留意见审计报告中形成审计意见的基础部分,不应提及审计报告中用于描述注册会计师责任的部分,也不应说明注册会计师是否已获取充分、适当的审计证据作为形成审计意见的基础。

注册会计师对财务报表发表无法表示意见时,应当修改无保留意见审计报告中注册会计师对财务报表审计责任部分,使之仅包含下列内容:

(1) 注册会计师的责任是按照中国注册会计师审计准则的规定,对被审计单位财务报表执行审计工作,以出具审计报告;

(2) 但由于形成无法表示意见的基础部分所述事项,注册会计师无法获取充分、适当的审计证据以作为发表审计意见的基础;

(3) 声明注册会计师在独立性和职业道德方面的其他责任。

4. 非无保留意见审计报告的参考格式

非无保留意见审计报告的格式范例如格式3-2、格式3-3和格式3-4所示。

格式3-2 保留意见审计报告范例

审计报告

审计意见类型	保留意见
审计报告签署日期	2019年4月25日
审计机构名称	立信会计师事务所(特殊普通合伙)
审计报告文号	信会师报字〔2019〕第ZB11040号
注册会计师姓名	廖家河、丛存

1. 保留意见

我们审计了乐视网信息技术(北京)股份有限公司(以下简称"乐视网"或"公司")财务报表,包括2018年12月31日的合并及母公司资产负债表,2018年度的合并及母公司利润表、合并及母公司现金流量表、合并及母公司股东权益变动表以及相关财务报表附注。

我们认为,除"形成保留意见的基础"部分所述事项可能产生的影响外,后附的财务报表在所有重大方面按照企业会计准则的规定编制,公允反映了乐视网2018年12月31日的合并及母公司财务状况,以及2018年度的合并及母公司经营成果和现金流量。

2. 形成保留意见的基础

(1) 无形资产摊销及减值。由于2017年度财务报表审计时,我们对乐视网应收款项、无形资产、应付账款等相关报表项目未能获取充分、适当的审计证据,导致我们对该年度财务报表出具了无法表示意见的审计报告。上述无法表示意见所涉及事项影响除无形资产外在本年已基本消除,我们对乐视网2018年末相关无形资产的账面价值可以确认,但仍无法对2018年初无形资产的价值进行认定,从而影响2018年无形资产的摊销额及减值计提额,该事项对本年度数据和可比期间数据可能存在重大影响,但并不广泛。

(2) 对持续经营的评价。如第十一节财务报告四、财务报表的编制基础 2、持续经营所述,乐视网截至 2018 年末大量债务出现逾期,导致公司存在偿债压力,乐视网目前仍未与主要债权人就债务展期、偿还方案等达成和解;乐视网 2018 年末归属母公司净资产为 -30.26 亿元,2018 年度归属母公司净利润为 -40.96 亿元。这种情况表明存在可能导致乐视网持续经营能力产生重大疑虑的重大不确定性。财务报表没有对乐视网如何消除对持续经营的重大疑虑做出充分披露。

我们按照中国注册会计师审计准则的规定执行了审计工作。审计报告的"注册会计师对财务报表审计的责任"部分进一步阐述了我们在这些准则下的责任。按照中国注册会计师职业道德守则,我们独立于乐视网,并履行了职业道德方面的其他责任。我们相信,我们获取的审计证据是充分、适当的,为发表保留意见提供了基础。

3. 强调事项

我们提醒财务报表使用者关注,公司目前涉及多项诉讼案件,公司已对其进行披露,并评估对财务报表影响。本段内容不影响已发表的审计意见。

4. 关键审计事项

关键审计事项是我们根据职业判断,认为对本期财务报表审计最为重要的事项。这些事项的应对以对财务报表整体进行审计并形成审计意见为背景,我们不对这些事项单独发表意见。除"形成保留意见的基础"部分所述事项外,我们确定下列事项是需要在审计报告中沟通的关键审计事项。

关键审计事项	该事项在审计中是如何应对的
(一) 2017 年无法表示意见事项影响的消除	
2017 年度财务报表审计时,我们对乐视网应收款项、无形资产、应付账款等相关报表项目未能获取充分适当的审计证据,导致我们对该年度财务报表出具了无法表示意见的审计报告。公司管理层在 2018 年积极采取各种措施以消除这些事项对 2018 年财务报表的影响。由于该事项对乐视网 2018 年财务报表产生重大影响,因此我们将其作为关键审计事项进行关注	2017 年无法表示意见事项的消除主要审计程序包括: ①应收款项无法表示意见事项影响的消除: 获取公司管理层对应收款项提起司法诉讼相关材料,如起诉状、受理通知书等;获取律师事务所出具的针对上述案件的最终司法判决结果的法律意见书,并对律师进行访谈;对应收款项履行正常审计程序;评价公司管理层对应收款项可收回性分析的适当性。 ②应付账款暂估款无法表示意见事项影响的消除: 获取公司管理层提供的供应商出具的书面盖章确认的对账单;将对账单记载的金额与公司账面记载余额进行核对;对应付账款履行正常审计程序

续表

关键审计事项	该事项在审计中是如何应对的
(二) 乐视网丧失乐融致新控制权日的公允价值重新计量	
本年度，天津嘉睿通过拍卖取得乐视控股持有的乐融致新的股权，其持有乐融致新的股权比例提升为46.05%，成为乐融致新第一大股东，并结合修改后的乐融致新公司章程规定，乐视网已丧失对乐融致新的控制权。根据《企业会计准则》规定，因处置部分股权投资或其他原因丧失了对原有子公司控制权的在编制合并财务报表时，对于剩余股权应当按照其在丧失控制权日的公允价值进行重新计量。由于剩余股权的公允价值对乐视网财务报表产生重大影响，因此我们将其作为关键审计事项进行关注	乐融致新剩余股权公允价值重新计量有关的审计程序包括： 评价管理层委聘的资产评估机构的胜任能力、专业素质和客观性； 结合公司的历史收入增长率、行业走势等，对管理层使用的未来收入增长率等假设进行合理性分析； 评价资产评估机构出具的资产评估报告中涉及评估方法、关键假设、预测未来收入及现金流折现率等参数选择的适当性

5. 其他信息

乐视网管理层（以下简称"管理层"）对其他信息负责。其他信息包括乐视网2018年年度报告中涵盖的信息，但不包括财务报表和我们的审计报告。

我们对财务报表发表的审计意见不涵盖其他信息，我们也不对其他信息发表任何形式的鉴证结论。

结合我们对财务报表的审计，我们的责任是阅读其他信息，在此过程中，考虑其他信息是否与财务报表或我们在审计过程中了解到的情况存在重大不一致或者似乎存在重大错报。

基于我们已执行的工作，如果我们确定其他信息存在重大错报，我们应当报告该事实。如上述"形成保留意见的基础"部分所述，由于该事项对本期数据和对应数据可能存在影响，因此，我们无法确定与该事项相关的其他信息是否存在重大错报。

6. 管理层和治理层对财务报表的责任

管理层负责按照企业会计准则的规定编制财务报表，使其实现公允反映，并设计、执行和维护必要的内部控制，以使财务报表不存在由于舞弊或错误导致的重大错报。

在编制财务报表时，管理层负责评估乐视网的持续经营能力，披露与持续经营相关的事项（如适用），并运用持续经营假设，除非计划进行清算、终止运营或别无其他现实的选择。

治理层负责监督乐视网的财务报告过程。

7. 注册会计师对财务报表审计的责任

我们的目标是对财务报表整体是否不存在由于舞弊或错误导致的重大错报获取合理保证，并出具包含审计意见的审计报告。合理保证是高水平的保证，但并不能保证按照审计准则执行的审计在某一重大错报存在时总能发现。错报可能由于舞弊或错误导致，如果合理预期错报单独或汇总起来可能影响财务报表使用者依据财务报表做出的经济决策，则通常认为错报是重大的。

在按照审计准则执行审计工作的过程中，我们运用职业判断，并保持职业怀疑。同时，我们也执行以下工作：

（1）识别和评估由于舞弊或错误导致的财务报表重大错报风险，设计和实施审计程序以应对这些风险，并获取充分、适当的审计证据，作为发表审计意见的基础。由于舞弊可能涉及串通、伪造、故意遗漏、虚假陈述或凌驾于内部控制之上，未能发现由于舞弊导致的重大错报的风险高于未能发现由于错误导致的重大错报的风险。

（2）了解与审计相关的内部控制，以设计恰当的审计程序。

（3）评价管理层选用会计政策的恰当性和做出会计估计及相关披露的合理性。

（4）对管理层使用持续经营假设的恰当性得出结论。同时，根据获取的审计证据，就可能导致乐视网持续经营能力产生重大疑虑的事项或情况是否存在重大不确定性得出结论。如果我们得出结论认为存在重大不确定性，审计准则要求我们在审计报告中提请报表使用者注意财务报表中的相关披露；如果披露不充分，我们应当发表非无保留意见。我们的结论基于截至审计报告日可获得的信息。然而，未来的事项或情况可能导致乐视网不能持续经营。

（5）评价财务报表的总体列报、结构和内容（包括披露），并评价财务报表是否公允反映相关交易和事项。

（6）就乐视网中实体或业务活动的财务信息获取充分、适当的审计证据，以对财务报表发表审计意见。我们负责指导、监督和执行集团审计，并对审计意见承担全部责任。

我们与治理层就计划的审计范围、时间安排和重大审计发现等事项进行沟通，包括沟通我们在审计中识别出的值得关注的内部控制缺陷。

我们还就已遵守与独立性相关的职业道德要求向治理层提供声明，并与治理层沟通可能被合理认为影响我们独立性的所有关系和其他事项，以及相关的防范措施（如适用）。

从与治理层沟通过的事项中，我们确定哪些事项对本期财务报表审计最为重要，因而构成关键审计事项。我们在审计报告中描述这些事项，除非法律法规禁止公开披露这些事项，或在极少数情形下，如果合理预期在审计报告中沟通某事项造成的负面后果超过在公众利益方面产生的益处，我们确定不应在审计报告中沟通该事项。

……

立信会计师事务所中国注册会计师：（项目合伙人）（盖章）（签名并盖章）

中国注册会计师：

（签名并盖章）

中国××市二〇一九年四月二十五日

格式3-3　否定意见审计报告范例

审计报告

江西大华新材料股份有限公司全体股东：

一、否定意见

我们审计了江西大华新材料股份有限公司（以下简称"大华新材公司"）财务报表，包括2018年12月31日合并及母公司资产负债表，2018年度的合并及母公司利润表、合并及母公司现金流量表和合并及母公司所有者权益变动表，以及相关财务报表附注。

我们认为，由于"二、形成否定意见的基础"段所述事项的重要性，后附的大华新材公司财务报表没有在所有重大方面按照企业会计准则的规定编制，未能公允反映大华新材公司2018年12月31日的合并财务状况以及2018年度的合并经营成果和合并现金流量。

二、形成否定意见的基础

如财务报表附注二、财务报表的编制基础所述，大华新材公司财务报表以持续经营假设为基础编制。2019年4月9日大华新材公司收到江西省宜春市中级人民法院出具的民事裁定书（【2019】赣09破申1号），法院裁定受理大华新材公司被申请破产清算，大华新材公司已不具备持续经营能力，因此我们认为大华新材公司按照持续经营假设编制的2018年度财务报表不恰当。

三、管理层和治理层对财务报表的责任

大华新材公司管理层（以下简称"管理层"）负责按照企业会计准则的规定编制财务报表，使其实现公允反映，并设计、执行和维护必要的内部控制，以使财务报表不存在由于舞弊或错误导致的重大错报。

在编制财务报表时，管理层负责评估大华新材公司的持续经营能力，披露与持续经营相关的事项（如适用），并运用持续经营假设，除非管理层计划清算大华新材公司、终止运营或别无其他现实的选择。

治理层负责监督大华新材公司的财务报告过程。

四、注册会计师对财务报表审计的责任

我们的目标是对财务报表整体是否不存在由于舞弊或错误导致的重大错报获取合理保证，并出具包含审计意见的审计报告。合理保证是高水平的保证，但并不能保证按照审计准则执行的审计在某一重大错报存在时总能发现。错报可能由于舞弊或错误导致，如果合理预期错报单独或汇总起来可能影响财务报表使用者依据合并财务报表做出的经济决策，则通常认为错报是重大的。

在按照审计准则执行审计工作的过程中，我们运用职业判断，并保持职业怀疑。同时，我们也执行以下工作：

（1）识别和评估由于舞弊或错误导致的合并财务报表重大错报风险，设计和实施审计程序以应对这些风险，并获取充分、适当的审计证据，作为发表审计意见的基础。由于舞弊可能涉及串通、伪造、故意遗漏、虚假陈述或凌驾于内部控制之上，未能发现由于舞弊导致的重大错报的风险高于未能发现由于错误导致的重大错报的风险。

（2）了解与审计相关的内部控制，以设计恰当的审计程序，但目的并非对内部控制的有效性发表意见。

（3）评价管理层选用会计政策的恰当性和做出会计估计及相关披露的合理性。

（4）对管理层使用持续经营假设的恰当性得出结论。同时，根据获取的审计证据，就可能导致对大华新材公司持续经营能力产生重大疑虑的事项或情况是否存在重大不确定性得出结论。如果我们得出结论认为存在重大不确定性，审计准则要求我们在审计报告中提请报表使用者注意合并财务报表中的相关披露；如果披露不充分，我们应当发表非无保留意见。我们的结论基于截至审计报告日可获得的信息。

（5）评价财务报表的总体列报、结构和内容（包括披露），并评价财务报表是否公允反映相关交易和事项。

（6）就大华新材公司中实体或业务活动的财务信息获取充分、适当的审计证据，以对财务报表发表审计意见。我们负责指导、监督和执行集团审计，并对审计意见承担全部责任。

我们与治理层就计划的审计范围、时间安排和重大审计发现等事项进行沟通，包括沟通我们在审计中识别出的值得关注的内部控制缺陷。

（此页无正文，为《江西大华新材料股份有限公司 2018 年度审计报告》之盖章页）

公证天业会计师事务所中国注册会计师
（特殊普通合伙）（项目合伙人）
中国注册会计师
中国·无锡　　2019 年 6 月 28 日

格式 3-4　无法表示意见审计报告范例

审计报告

审计意见类型	无法表示意见
审计报告签署日期	2019 年 4 月 23 日
审计机构名称	亚太（集团）会计师事务所（特殊普通合伙）
审计报告文号	亚会 A 审字（2019）0073 号
注册会计师姓名	吕子玲、贾小鹤

雏鹰农牧集团股份有限公司全体股东：

一、无法表示意见

我们审计了后附的雏鹰农牧集团股份有限公司（以下简称"雏鹰农牧"或者"公司"）财务报表，包括 2018 年 12 月 31 日的合并及母公司资产负债表，2018 年度的合并及母公司利润表、合并及母公司所有者权益变动表、合并及母公司现金流量表以及财务报表附注。

我们不对后附的雏鹰农牧财务报表发表审计意见。由于"形成无法表示意见的基础"部分所述事项的重要性，我们无法获取充分、适当的审计证据以作为对财务报表发表审计意见的基础。

二、形成无法表示意见的基础

雏鹰农牧因资金短缺，无法偿付到期债务而涉及较多的司法诉讼，导致部分银行账户、资产被司法冻结，雏鹰农牧的生产经营受到不利影响，持续经营存在不确定性。截至审计报告日止，雏鹰农牧未能就与改善持续经营能力相关的应对计划提供充分、适当的证据。我们无法获取充分、适当的审计证据以对雏鹰农牧在持续经营假设的基础上编制财务报表是否合理发表意见。

雏鹰农牧债权投资、财务资助等款项存在未能按合同约定时间收回的减值迹象，公司管理层无法合理估计账面资产的可收回金额，对上述资产均参考一般信用风险组合应收款项的坏账准备计提方法，按账龄计提了减值准备。雏鹰农牧管理层无法做出合理估计和判断的情况下，我们无法实施满意的审计程序以获取充分、适当的审计证据来判断上述资产减值准备计提的合理性。

雏鹰农牧未完整提供未纳入合并范围的被投资单位审计报告和财务报表。根据已提供被投资单位的审计报告和财务报表,部分股权投资存在减值迹象。截至审计报告日,雏鹰农牧未提供与上述股权投资相关的公允价值、预计未来现金流量等减值测试资料,我们无法实施满意的审计程序以获取充分、适当的审计证据来判断雏鹰农牧股权投资减值准备的合理性。

雏鹰农牧与部分管理层未识别为关联方的单位之间存在大额资金往来。在审计中我们无法实施满意的审计程序,无法获取充分、适当的审计证据以消除我们对管理层关联方关系识别的疑虑。我们无法判断雏鹰农牧关联方关系和关联交易披露的完整性和准确性。

受到行业特殊性和疫情的影响,我们无法充分实施对雏鹰农牧生物资产、固定资产和在建工程中的猪舍及相关配套设备等资产的监盘工作,对其部分资产的数量、状况无法获取充分、适当的审计证据,我们无法判断财务报表相关项目列报的准确性。

子公司汕头市东江畜牧有限公司(以下简称"东江畜牧")未能完整提供2018年度财务资料。我们无法获取充分、适当的审计证据以判断东江畜牧财务报表列报是否正确,进而无法判断东江畜牧对雏鹰农牧财务报表的影响。

雏鹰农牧因债务逾期发生多项诉讼、仲裁,涉诉案件仍在审理或执行中,雏鹰农牧无法合理预计相关诉讼事项对公司财务报表的影响。我们无法获取与上述未决诉讼事项相关的充分、适当的审计证据,无法判断涉诉事项对雏鹰农牧财务报表产生的影响。

雏鹰农牧于2019年3月18日收到中国证券监督管理委员会《调查通知书》(豫调查字〔2019〕01)。因公司涉嫌违法违规,根据《中华人民共和国证券法》的有关规定,中国证券监督管理委员会决定对雏鹰农牧立案调查。截至本报告出具日,调查正在进行中,由于该立案调查尚未有最终结论,我们无法判断立案调查结果对雏鹰农牧财务报表的影响程度。

三、管理层和治理层对财务报表的责任

雏鹰农牧管理层负责按照企业会计准则的规定编制财务报表,使其实现公允反映,并设计、执行和维护必要的内部控制,以使财务报表不存在由于舞弊或错误导致的重大错报。

在编制财务报表时,管理层负责评估雏鹰农牧的持续经营能力,披露与持续经营相关的事项(如适用),并运用持续经营假设,除非计划清算、终止运营或别无其他现实的选择。治理层负责监督雏鹰农牧的财务报告过程。

四、注册会计师对财务报表审计的责任

我们的责任是按照中国注册会计师审计准则的规定,对雏鹰农牧的财务报表执行审计工作,以出具审计报告。但由于"形成无法表示意见的基础"部分所述的事项,我们无法获取充分、适当的审计证据以作为发表审计意见的基础。

按照中国注册会计师职业道德守则,我们独立于雏鹰农牧,并履行了职业道德方面的其他责任。

……

亚太(集团)会计师事务所中国注册会计师:吕子玲(特殊普通合伙)(项目合伙人)

中国注册会计师:贾小鹤

中国·北京

(四)在审计报告中增加强调事项段和其他事项段

1. 强调事项段

强调事项段是审计报告中的一个段落,该段落提及已在财务报表中恰当列报或披露的事项,根据注册会计师的职业判断,该事项对财务报表使用者理解财务报表至关重要。

同时满足以下两个条件的事项,即为强调事项:

(1)按照《中国注册会计师审计准则第1502号——在审计报告中发表非无保留意见》的规定,该事项不会导致注册会计师发表非无保留意见。

(2)当《中国注册会计师审计准则第1504号——在审计报告中沟通关键审计事项》适用时,该事项未被确定为在审计报告中沟通的关键审计事项(即对理解财务报表至关重要)。

出现下列情形时,审计准则要求在审计报告中增加强调事项段:

(1)法律法规规定的财务报告编制基础不可接受,但其是由法律法规做出的规定。

(2)提醒财务报表使用者注意财务报表按照特殊目的实体编制基础编制。

(3)注册会计师在审计报告日后知悉了某些事实(即期后事项),且出具了新的审计报告或修改了审计报告。

其他注册会计师认为需要增加强调事项段的情形有:

(1)异常诉讼或监管行动的未来结果存在不确定性。

(2)提前应用(在允许的情况下)对财务报表有广泛影响的新会计准则。

(3)存在已经或持续对被审计单位财务状况产生重大影响的特大灾难。

若在审计报告中增加强调事项段,注册会计师应当采取以下措施:

(1)将强调事项段作为单独的一部分置于审计报告中,并使用包含"强调事项"这一术语的适当标题。

(2)明确提及被强调事项以及相关披露的位置,以便能在财务报表中找到该事项的详细描述。强调事项段应仅提及已在财务报表中列报或披露的内容。

(3)指出审计意见没有因强调事项而改变。

需要注意的是,在审计报告中包含强调事项段不影响审计意见。包含强调事项段不能代替下列情形:

(1)根据审计业务的具体情况,按照《中国注册会计师审计准则第1502号——在审计报告中发表非无保留意见》的规定发表非无保留意见。

(2)适用的财务报表编制基础要求管理层在财务报表中做出的披露,或为实现公允列报所需的其他披露。

(3)按照《中国注册会计师审计准则第1324号——持续经营》的规定,当可能导致对被审计单位持续经营能力产生重大疑虑的事项或情况存在重大不确定性时做出的报告。

含强调事项段的审计报告范例参考前述格式3-2中立信会计师事务所对乐视网信息技术(北京)股份有限公司出具的2018年度审计报告。

2. 其他事项段

其他事项段是审计报告中的一个段落,该段落提及未在财务报表中恰当列报或披露的事项,根据注册会计师的职业判断,该事项与财务报表使用者理解审计工作、注册会计师的责任或审计报告相关。

需要在审计报告中增加其他事项段的情形有：

（1）与使用者理解审计工作相关的情形。在极其特殊的情况下，即使由于管理层对审计范围施加限制导致无法获取充分、适当的审计证据而可能产生的影响具有广泛性，注册会计师也不能解除业务约定。在这种情况下，注册会计师可能认为有必要在审计报告中增加其他事项段，解释为何不能解除业务约定。

（2）与使用者理解注册会计师的责任或审计报告相关的情形。法律法规或得到广泛认可的惯例可能要求或允许注册会计师详细说明某些事项，以进一步解释注册会计师在财务报表审计中的责任或审计报告。但增加其他事项段不涉及以下两种情形：①除根据审计准则的规定有责任对财务报表出具审计报告外，注册会计师还有其他报告责任；②注册会计师可能被要求实施额外的规定程序并予以报告，或对特定事项发表意见。

（3）对两套以上财务报表出具审计报告的情形。被审计单位可能按照通用目的编制基础（如×国财务报告编制基础）编制一套财务报表，且按照另一个通用目的编制基础（如国际财务报告准则）编制另一套财务报表，并委托注册会计师同时对两套财务报表出具审计报告。如果注册会计师已确定两个财务报告编制基础在各自情形下是可接受的，可以在审计报告中增加其他事项段，说明该被审计单位根据另一个通用目的编制基础（如国际财务报告准则）编制了另一套财务报表以及注册会计师对这些财务报表出具了审计意见。

（4）限制审计报告分发和使用的情形。为特定目的编制的财务报表可能按照通用目的编制基础编制，因为财务报表预期使用者已确定这种通用目的财务报表能够满足他们对财务信息的要求。由于审计报告旨在提供给特定使用者，注册会计师可能认为在这种情况下需要增加其他事项段，说明审计报告只是提供给财务报表预期使用者，不应被分发给其他机构或人员，或被其他机构或人员使用。

若在审计报告中增加其他事项段，注册会计师应当采取以下措施：

（1）在审计报告中增设其他事项段，并使用"其他事项"或其他适当标题。

（2）将其他事项段紧接在审计意见段和强调事项段（如有）之后。

如果其他事项段的内容与其他报告责任部分相关，这一段落也可以置于审计报告的其他位置，主要取决于拟沟通信息的性质，见表3-5：

表3-5 其他事项段报告适用表

其他事项段包含信息的性质	在审计报告中的位置
提醒使用者关注与理解财务报表审计相关的事项	紧接在审计意见段和强调事项段之后
提醒使用者关注与审计报告中提及的其他报告责任相关的事项	置于"按照相关法律法规的要求报告的事项"部分内

续表

其他事项段包含信息的性质	在审计报告中的位置
与注册会计师的责任或使用者理解审计报告相关	置于"对财务报表出具的审计报告"和"按照相关法律法规的要求报告的事项"之后

（3）指出该事项段的目的。目的在于使财务报表使用者正确理解审计工作、注册会计师的责任或审计报告相关的事项。

需要注意的是，如果注册会计师拟在审计报告中增加其他事项段，应当就该事项和拟使用的措辞与治理层沟通，以使治理层了解注册会计师拟在审计报告中强调特定事项的性质，并在必要时为治理层提供向注册会计师做进一步澄清的机会。

第四章

审计方法

第一节 审计方法的意义

一、审计方法的含义

审计方法是指为了行使审计职能、完成审计任务、达到审计目标所采取的方式、手段和技术的总称。审计方法贯穿于整个审计工作过程,而不只存于某一审计阶段或某几个环节。

审计方法分狭义和广义两种。狭义的审计方法是审计人员为取得充分有效审计证据而采取的一切技术手段;广义的审计方法是指整个审计过程中所运用的各种方式、方法、手段、技术等,形成审计方法体系,包括审计规划方法、审计实施方法和审计管理方法。

二、审计方法体系

(一)审计规划方法

审计规划方法是指对全部审计活动或某个具体审计项目进行合理组织和安排时所采用的各种方法。其主要内容包括审计计划制订方法、审计程序确定方法、审计方案设计方法等。

(1)审计计划制订方法主要指如何设计审计总体目标以及对审计活动的安排。

(2)审计程序确定方法主要指对一般审计步骤的设计问题,包括对审计准备、实施与结束工作的具体安排。

(3)审计方案设计方法主要指对具体审计项目进行审计的要点、审计顺序、审计时间、人员分工部署等问题。

(二)审计实施方法

审计实施方法是指对被审计单位或被审计项目进行具体审计时所采用的各种程序、措施和手段。审计实施方法是审计最基本的方法,既包括了一定的程序,又包括了各种技术手段,主要内容包括审核稽查方法、审计记录方法、审计评价方法和审计报告方法。

1. 审核稽查方法

指搜集审计证据时所采取的各种方式和技术。它又可以分为系统检查法和审计技术两大类。系统检查法是根据系统的观点,以确定对被审计资料或被审计活动进行审查的顺序和审查的范围。如顺查、逆查、直查等顺序检查法和详查、抽查、重制等范围检查法。如果把系统检查法理解为确定搜集审计证据的顺序和范围,那么审计技术方法就是为了搜集审计证据而采取的具体措施和手段。审计技术又可以根据审计工具和其适用的信息系统分为手工审计技术和计算机审计技术。

2. 审计记录方法

指对审计记录文件的设计、填制与审阅的各种方法。审计记录有益于全面而系统地反映审计的过程和结果,为形成审计的结论和决定提供充分依据,为编写审计报告提供完整的资料,同时也有利于确定审计人员审计行为的恰当性和应负的责任范围。

审计记录文件有审计人员日记和审计工作底稿之分。

3. 审计评价方法

指根据查明的事实,对照审计标准以判定是非良莠的方法。通过审计评价,可以确定被审计资料是否真实、正确和可信,以及确定被审计经济业务和经济活动是否合法、合理和有效。审计评价方法根据其适用范围的大小可分为一般评价方法和特定评价方法。一般评价方法是指适用于对各种被审计项目进行评价的程序和技术,特定评价方法是指只适用于对某些具体对象的评价要点与要求。

4. 审计报告方法

指对审计报告进行设计、编写与审计的方法。审计报告方法有利于对每次审计活动的过程和结果进行综合而有重点的反映,便于审计委托单位或审计机关对被审计单位或被审计项目做出正确的结论和处理决定,便于被审计单位及有关部门了解审计结果以及明确各自的责任范围。

(三) 审计管理方法

审计管理方法是指对审计主体活动及审计过程进行控制和调节的各种措施和手段,其目的在于避免审计风险,提高审计质量和审计效率,保证各种审计资源得到有效的使用。管理内容主要有审计主体、审计质量和审计信息等方面。

审计主体管理方法主要是指对审计机构和审计人员的管理方法,如机构设置、人员编制、岗位责任、人员培训考核等管理方法。

审计质量管理方法主要是指质量标准制定、质量控制与考核等管理方法,如质量目标管理、审计过程监控等。其目的在于制约影响质量的各种消极因素,以力求提高审计质量、避免或减少审计风险。

审计信息管理方法是指对审计信息收集、处理、存储与应用的各种措施和手段,如信息管理的一般方法、审计统计方法、审计档案管理方法等。其目的在于保证审计信息资源得到有效的开发和使用,以利于沟通审计情况,更好地发挥审计在宏观管理方面的作用。

第二节 审计实施的一般方法

审计实施的一般方法也称审计的基本方法,是指与检查取证的程序和范围有关的方法。

审计实施的一般方法又可分为程序检查法和范围检查法两类。程序检查法是指按照什么样的顺序依次进行检查的方法，如顺查法、逆查法、插入法等；范围检查法是指采用什么样的审计手续在什么样的范围之内进行检查取证的方法，如详查法、抽查法、重制法等。

一、程序检查法

（一）顺查法

顺查法是指按照会计业务处理的先后顺序依次进行检查的方法。顺查法也称正查法。会计人员处理会计业务的顺序是：取得经济业务的原始凭证审核无误后编制记账凭证；根据记账凭证分别记入明细账、日记账和总账；最后，根据账簿记录编制会计报表。顺查法审计顺序与会计业务处理顺序基本一致，其具体步骤如下：

（1）审阅和分析原始凭证，旨在查明反映经济业务的原始凭证是否正确可靠；

（2）查阅记账凭证并与原始凭证核对，旨在查明记账凭证是否正确以及与原始凭证是否相符；

（3）审阅明细账、日记账并与记账凭证（或原始凭证）核对，旨在查明明细账、日记账记录是否正确无误以及与凭证内容是否相符；

（4）审阅总账并与相关明细账、日记账余额核对，旨在查明总账记录是否正确以及与明细账、日记账是否相符；

（5）审阅和分析会计报表并与有关总账和明细账核对，旨在查明会计报表的正确性以及与账簿记录是否相符；

（6）根据会计记录抽查盘点实物和核对债权债务，以验证债权债务是否正确、实物是否完整。

（二）逆查法

逆查法亦称倒查法或者溯源法，是指按照与会计业务处理程序完全相反的方向，依次进行检查的方法。逆查法的基本做法与顺查法相反，其具体步骤如下：

（1）审阅和分析会计报表，旨在确定会计报表的正确性和判断哪些方面可能存在问题以及检查的必要性；

（2）根据会计报表分析所确定的重点审查项目，检查总账和相关的明细账、日记账，旨在从账项记录上查明问题的来龙去脉；

（3）审阅和分析总账并与相关明细账、日记账核对，旨在发现总账上可能存在的问题并通过明细账和日记账进行验证；

（4）审阅和分析明细账、日记账并与记账凭证或原始凭证核对，旨在发现明细账、日记账上可能存在的问题并通过明细账、日记账进行验证；

（5）审阅和分析记账凭证并与原始凭证核对，旨在发现记账凭证上存在的问题并通过原始凭证进行验证；

（6）审阅和分析原始凭证并抽查有关财产物资及债权债务，旨在确定被查事项的真相。

(三) 插入法

插入法是相对于顺查和逆查而言的，它是指直接从有关明细账的审阅和分析开始的一种审计方法。该种方法在检查明细账以后，可根据需要审核记账凭证及所附的原始凭证，或审核总账与报表等。具体步骤如下：

（1）根据审计的具体目标，确定需要审查的明细账。如果确定的明细账与审计目标无关，则将造成审计资源的浪费，影响审计工作的效率和审计本身的效益；若未能将与审计目标有关的明细账确定在审查范围之内，则审计目标也很难达成。因此，有必要根据经济活动本身的内在联系或逻辑关系和审计人员自身积累的经验来确定与审计目标相关的明细账。

（2）审阅并分析明细账。

①审阅明细账的设置是否符合会计制度的要求和本单位的实际情况；

②审阅账户的格式是否符合要求，采用的形式是否合理；

③审阅明细账的摘要是否清楚，有无含糊不清或过简的情况；

④审阅明细账发生额是否合理，有无超出常规的问题；

⑤审阅明细账余额是否合理，有无超出正常情况下不应有的异常情况；

⑥审阅其他应注意的事项，包括有无提前结账的情况，红字冲销记录、更正记录、补充记录及转记记录是否正常等；

⑦对明细账中的有关实物数量和金额指标进行必要的复核。

（3）核对记账凭证及其所附的原始凭证，或核对账账、账表。根据明细账审阅与分析的疑点及线索，运用逆查追踪核对记账凭证及其所附的原始凭证，以查明账证、证证是否相符，处理是否符合制度规定。如销货退回，则应核对发票及合同和其他业务信件，以查明退货是否真实、理由能否成立，记录内容是否相符，账务处理是否真正冲销了原收入，退回的产品物资是否收妥并做了相应的账务处理等。也可采用顺查法核对账账、账表，以查明账账、账表之间是否一致。

（4）审阅分析凭证或账表。核对账证、证证、账账、账表后，不管相互之间是一致，还是不一致，都应对凭证与账表进行综合分析，以彻底判明经济活动情况的真实性、合法性、合理性和有效性。

（5）根据需要再对存有疑问的债权债务进行证实，对实物进行盘点，以核实全部内容，取得充分可靠的证据。

审计实践中，顺查法、逆查法和插入法不是彼此孤立地应用，而是几种方法结合运用的，这样可以兼顾工作效率和工作质量。

二、范围检查法

(一) 详查法

详查法又称精查法或详细审计法，它是指对被审计单位被查期内的所有活动、工作部门及其经济信息资料，采取精细的审计程序，进行细密周详的审核检查。详查法与全面审计不同。全面审计是指审计的种类,是按审计范围大小的不同对审计进行的具体分类。详查法指审计检查的方法,是按检查手续对检查方法的分类。而且,在全面审计中的某些审计项目,根据需要既可以进行详查,也可以不进行详查。

详查法在具体做法上通常采取逐笔检查核对的办法。

详查法最大的优点是对会计工作中的舞弊行为均能揭露无遗,因而,也能够做出较精确的审计结论。但应用费时、费力,工作效率很低,审计工作成本昂贵。

(二) 抽查法

抽查法是指从作为特定审计对象的总体中,按照一定方法,有选择地抽出其中一部分资料进行检查,并根据其检查结果来对其余部分的正确性及恰当性进行推断的一种审计方法。

抽查法根据具体抽样方法的不同而有区别。抽查法有三种类型,即任意抽查法、判断抽查法和随机抽查法(或称统计抽查法)。

(1) 任意抽查法指审计人员从检查的总体中任意抽取样本,既无规律可循,又无合理的根据,审计人员承担较大的审计风险的一种抽查方法。可以说任意抽查法仅仅是为了减少审计工作量,以适应经济发展的要求而采用的权宜之计。

(2) 判断抽样法是审计人员根据实践经验,结合审计的具体要求以及对被审计单位了解的情况,通过主观判断,从特定的审查总体中有选择地、有重点地抽取部分项目进行检查,并据此来推断总体的一种抽查方法。但是在这种方法下,样本项目的选取依赖于审计人员的经验和分析判断能力,所以,对审计结论的可信性仍有较大的影响。

(3) 随机抽查法是审计人员在选取样本时,根据审计工作的要求,按照随机的原则进行的一种抽查法。随机抽查法是一种较为客观的检查方法,可以排除因主观判断失误所造成的差错。但是采用随机抽样的原则,也可能会造成样本偏倚,影响审计结论的正确程度。

抽查法最大的优点是能使审计人员极大地提高工作效率,降低审计成本。但应用起来不大灵活,尤其是随机抽查法更是烦琐。而且,运用抽查法做出的审计结论与被审计单位的实际情况往往会发生偏差。在使用抽查法审计时,并不完全排除进行详细检查,只有把两者有机地结合起来,才能做到既可以保证审计质量又可以节约审计资源。

(三) 重制法

重制法是在对被审单位应审经济资料进行整理重记的基础上,根据需要而进行的检查。采用重制法的前提是,由于被审单位管理混乱无法提供完整而基本正确的会计资料,无法开展正常的审计工作,只有先记账,然后才能查账。具体步骤如下:

(1) 调查了解情况,确定需要重制的范围或项目。若单从会计资料方面看,可能有三种情况:一是无账型,即只有原始凭证,而无记账凭证、账簿记录及报表;二是无记账凭证型,即直接按原始凭证登记明细账及总账,同时,也无健全的报表体系;三是混乱型,即虽然有账、有证、有表,但三者之间严重不符,账实也不符。审计时，可根据具体分析，确定需要重制的范围。

（2）按照审查的期间和经济业务发生当时的有关会计制度规定进行重记。一般按照正常的会计处理程序进行。即先对有关原始凭证进行审核，再填制记账凭证并登记有关账项，然后进行结账和编表。资料的整理，既要仔细认真，又要保证采用的处理方法以及选用的制度合理。

（3）与被审单位原来的有关资料进行对照，确定差异。重新整理资料，不是审计的根本目的。因此，在资料整理出来后，应将重记所得的结果，同原来的资料结果进行比较，确定差错情况，以发现问题。

（4）根据比较确定的情况，分析和确定需要进一步检查的范围和方法。重制法的优点是通过对资料的整理和重记，能为查明问题提供便利条件，但费时、费力，尤其是整理资料一环，等于重复会计核算工作的全部内容，审计成本高。因此，除了对那些管理非常混乱而使凭证、账表极不健全的单位进行审计时采用外，其余场合不适宜采用。

第三节 审计实施的技术方法

专门应用于具体审计证据的收集和评价的方法，称之为审计技术。审计技术主要在审计准备阶段和现场审查阶段使用，它与审计目标和审计证据有着密切的关系。不同的审计目标只有采用不同的审计技术，才能取得必要的和充分的审计证据。

审计技术方法多种多样，主要包括审阅法、复核法、核对法、盘存法、函证法、观察法、鉴定法、分析性复核法、推理法、询问法、调节法等。

一、审阅法

审阅法是指通过对被审计单位有关书面资料进行仔细观察和阅读来取得审计证据的一种审计技术方法。审阅法主要用于对各种书面资料的审查，以取得书面证据。书面资料主要包括会计资料和其他相关资料。

1. 会计资料的审阅

会计资料包括会计凭证、会计账簿和会计报表，对它们的审阅应注意如下要点：

（1）会计资料本身外在形式是否符合有关法律法规的规定；
（2）会计资料记录是否符合要求；
（3）会计资料反映的经济活动是否合法、真实、正确、合理；
（4）有关书面资料之间的勾稽关系是否存在、金额是否正确，等等。

2. 其他资料的审阅

对会计资料以外的其他资料进行审阅，往往是为了获取进一步的信息。至于到底需要审阅哪些资料,则应视审计时的具体情况而定。必要时,应审阅的其他资料通常包括有关法规文件、内部规章制度、计划预算资料、经济合同、协议书、委托书、考勤记录、生产记录、各种消耗定额、出车记录等。

3. 审阅的技巧

审阅的主要目的,是通过对有关资料的仔细观察和阅读,发现一些疑点和线索,从而抓住重点,缩小检查范围。这就要求掌握一定的审阅技巧。

(1) 从有关数据的增减变动有无异常来鉴别判断被审计单位可能在哪些方面存在问题。运用审阅法从异常数据方面着手来发现有无问题时,具体可从三个方面来衡量:从数据增减变动幅度的大小来衡量;从数据本身的正负方向上来衡量;从相关数据之间的变化关系来衡量。

(2) 从会计资料和其他资料反映经济活动的真实程度来鉴别判断被审计单位有无问题。

(3) 从会计账户对应关系的正确性来鉴别判断被审计单位有无问题。

(4) 从时间上有无异常来分析判断被审计单位是否存在问题。

(5) 从单位购销活动有无异常来鉴别判断被审计单位有无问题。

(6) 从业务经办人的业务能力、工作态度以及思想品德来鉴别判断可能存在的问题。

(7) 从资料本身应具备的要素内容去鉴别判断问题存在的可能性。

二、复核法

复核法,又称复算法或重新计算法,是审计人员对被审计单位的原始凭证及会计记录中的数据的验算或另行计算。

1. 会计数据的复核

会计数据的复核,主要是指对有关会计资料提供的数据进行的复核。

(1) 会计凭证复核

① 复核原始凭证上的数据、单价与金额的计算有无错误,涉及多个子项的原始凭证,注意复核其合计是否正确,对于自制的付款凭证如工资结算凭证,更应注意,以防有诈;

② 复核记账凭证所附原始凭证的金额合计是否正确;

③ 复核记账凭证汇总表(科目汇总表)是否正确;

④ 复核转账凭证上转记金额计算是否正确;

⑤ 复核成本计算中有关费用的归集与分配,以及单位成本的计算有无错误等。

(2) 会计账簿复核

① 复核明细账、日记账、总账的本期借贷发生额的计算是否正确;

② 复核各账户余额的计算有无错误,尤其是应注意现金日记账和有关实物明细账的复核,以防利用记账技巧进行舞弊;

③ 复核有关明细账余额之和的计算有无错误。

(3) 会计报表复核

① 复核资产负债表中的小计数、合计数及总计数的计算是否正确；

② 复核其他报表有关栏和行的合计，以及最后的总计计算有无错误；

③ 复核各报表补充资料中有关指标的计算是否正确。

2．其他数据的复核

主要是对统计核算提供的一些重要指标的复核，如实际工作时间、生产任务完成情况的复核等。必要时，还应对有关预测、决策数据进行复核。

三、核对法

核对法是指将书面资料的相关记录之间或是书面资料的记录与实物之间，进行相互勾对以验证其是否相符的一种审计技术方法。通过对相关资料之间的核对，就能发现可能存在的问题。

在审计中，需要相互核对的内容很多，但概括起来，主要有三个方面，即会计资料间的核对、会计资料与其他资料的核对，以及有关会计明细资料记录与实物的核对。

（一）会计资料间的核对

(1) 核对记账凭证与所附原始凭证。核对时注意两点：一是核对证与证之间的有关内容是否一致，包括经济业务内容摘要、数量、单价、金额合计等；二是核对记账凭证上载明的所附凭证张数是否相符。

(2) 核对汇总记账凭证与分录记账凭证合计，查明其是否相符。

(3) 核对记账凭证与明细账、日记账及总账，查明账证是否相符。

(4) 核对总账与所属明细账余额之和，查明账账是否相符。

(5) 核对报表与有关总账和明细账，查明账表是否相符。

(6) 核对有关报表，查明报表间的相关项目，或者说是总表的有关指标与明细表之间是否相符。

上述核对内容要点可概括为证据核对、账证核对、账账核对、账表核对和表表核对。

（二）会计资料与其他资料的核对

(1) 核对账单。即将有关账面记录与第三方的账单进行核对，查明相互是否一致，有无问题。例如，将单位的银行存款日记账同银行的对账单进行核对，将应收应付账款与外来的对账单进行核对，等等。

(2) 核对其他原始记录。即将会计资料同其他原始记录进行相互核对，查明有无问题。这些重要的原始记录包括核准执行某项业务的文件、生产记录、实物的入库记录、出门证、出库记录、托运记录、职工名册、职工调动记录、考勤记录及有关人员的信函。在进行某些专案审计时，这种会计资料同其他原始记录之间的相互核对尤为重要。

(三) 有关会计明细资料记录与实物的核对

核对时，应将有关盘点资料同其账面记录进行核对，或是拿审计时的实地盘点获得的结果同其账面记录核对。

四、盘存法

盘存法是指通过对有关财产物资的清点、计量，来证实账面反映的财物是否确实存在的一种审计技术。按具体做法的不同，有直接盘存法和监督盘存法两种。

直接盘存法是指审计人员在实施审计检查时，通过亲自盘点有关财物来证实其与账面记录是否相符的一种盘存方法。

监督盘存法又称监盘，是指审计人员现场监督被审计单位各个实物资产及现金、有价证券等的盘点，并进行适当的抽查。同时，在监盘时，审计人员还应对实物资产的质量及所有权予以关注。

盘存方法主要有以下几个步骤。

(一) 盘点准备工作

(1) 确定需要盘点的财物并予以封存。

(2) 调查了解有关财物的收发保管制度，并对各项制度控制功能的发挥情况做出评估，找出控制的薄弱环节，明确重点。

(3) 确定参加盘点的人员。在盘点成员中，至少要有两名审计人员，一名财务负责人和一名实物保管人，同时，还应有必要的工作人员。

(4) 结出盘点日的账面应存数，即通过审阅、复算、核对，将账面记录和计算错误予以清除。

(5) 准备记录表格，检查度量器具。

(6) 选择恰当的盘点时间。

(二) 进行实地盘点

准备工作就绪，应立即着手进行盘点。对于一般的财物盘点，审计人员主要在场监督，看看工作人员是否办理了应该办理的手续，同时，注意观察有关物品的质量；对于特别重要的财物盘点，审计人员除了监督、观察外，还应进行复点，如现金的盘点、其他有价证券的盘点、贵重物品的盘点等。

盘点完毕，应将其盘点所获的实际情况，如实地，填在事先准备好的表格上。

(三) 确定盘点结果

通过盘点获得的结果再与账存进行比较，就能知道账实之间是否相符，以及不符的差异。若不相符，则到底存在什么问题，还要运用其他方法进一步检查落实。

盘点结果确定以后，应由所有在场人员（尤其是实物保管人、财务负责人及审计人员）在盘点表上签名，以明确责任。

盘存法主要用于各种实物的检查，如现金、有价证券、材料、产成品、在产品、库存商品、低值易耗品、包装物、固定资产等。

（四）盘点注意事项

在具体运用盘存法时，应特别注意以下各点：

（1）实物盘存一般采取预告检查，如有需要也可采取突击检查方式，如果实物存放分散，应同时盘点。若不能同时盘点，则未盘点实物的保管应在审计人员的监督下进行。

（2）不能只清点实物数量，还应注意实物的所有权、质量等。

（3）任何性质的白条都不能用来充抵库存实物。

（4）在确定盘点小组的人选时，不能完全听从被审计单位，以防串通合谋舞弊。

（5）确定盘点结果时，不要轻易做结论，尤其是涉及个人的问题，更应谨慎从事。

若遇有检查日与结账日之间不一致时，应进行必要调整。

五、函证法

函证法是指审计人员根据审计的具体需要，设计出一定格式的函件并寄给有关单位和人员，根据对方的回答来获取某些资料，或对某问题予以证实的一种审计技术方法。

函证按要求对方回答方式的不同，又分积极函证和消极函证两种。积极函证是指对函证的内容不管在什么情况下，都要求对方直接以书面文件的形式向审计人员做出答复。消极函证是指对于函证的内容只有当对方存有异议时，才要求对方直接以书面文件形式向审计人员做出答复。至于在何种情况下应用积极函证或消极函证，一般视函证业务事项的具体情况而定。

1. 函证方式的选择

积极函证方式适用于以下场合：

（1）函证业务事项较为重要。一方面可以从该业务事项的金额大小来衡量，另一方面，可以从该业务事项涉及的问题性质来衡量。

（2）函证业务事项极为有限。

（3）函证业务事项延续的时间极长。

（4）对函证业务事项还存有较多疑点。

其余场合，则可采用消极函证方式。在采用消极函证的方式下，只要在规定的期限内未收到他方的答复函，则函证业务事项的实际情况与审计人员的认识是一致的。

2. 函证内容的设计

在进行函证的情况下，他方是按照审计人员在函证中的具体要求来回答问题的。因此，设计出既能满足审计人员要求又便于他人理解和回答的函件，就显得特别重要。函证包括以下内容：

（1）审计机关名称；

（2）他方名称（姓名）、发函目的、函证业务事项及要求；

（3）函证业务事项的具体内容；

(4) 审计机关及他方的签章和发函及回复的日期等。

一般而言，但凡需从其他单位获取有关材料才能达到审计的目的时，就可采用函证技术。不过，对于被审计单位与其他单位有关联的情况，采用函证技术将是无效的。

应用函证技术时应根据需要，选择适当的函证方式、设计恰当的函证文件。除此以外，还应注意以下问题：

①应避免由被审单位办理与函证有关的一切事项，包括信件的封口、投递、接收等；

②对于重要事项的函证，应注意保密，以防被审计单位临时采取补救措施；

③在采取积极函证的方式下，未能在规定期限内收到答复函时，应采用其他措施，或是再次发函，或是亲临核实；

④为了便于控制，应对函证事项和单位开列清单，并做好相应记录。

询证函及银行往来询证函的样本。

单位询证函

致： 编号：

本单位正接受审计，按照相关审计要求，应当询证本单位与贵单位的往来账项，下列数额出自本单位账簿记录。如与贵单位记录相符，请在本函下端"数据证明无误"处签章证明；如有不符，请在"数据不符及需加说明事项"处详为指正。回函请直接寄至。

地址邮编电话

传真（本函仅为复核账目之用，并非催款结算）。

截止日期	贵单位欠	欠贵单位	备注

若款项在上述日期之后已经付清，仍请及时函复为盼。

单位公章

数据证明无误

签章日期

数据不符及需加说明事项

签章日期

六、观察法

观察法是指审计人员查看相关人员正在从事的活动或执行的程序，来取得审计证据的一种技术方法。

观察法除应用于对被审计单位经营环境的了解以外，主要应用于内部控制制度的遵循测试和财产物资管理的调查。例如，有关业务的处理是否遵守了既定的程序，是否办理了应办的手续；财产物资管理是否能保证其安全完整；等等。观察法结合盘点法、询问法使用会取得更佳的效果。

七、鉴定法

鉴定法是指审计人员对于需要证实的经济活动、书面资料及财产物资超出审计人员专业技术时，由审计人员另聘有关专家运用相应专门技术和知识加以鉴定证实的办法。

应用鉴定法在聘请有关人员时，应判断被聘人员能否保持独立性，其与被鉴定事项所涉及的有关方面有无利害关系；鉴定后，应正式出具鉴定报告并签名，以明确责任。

八、分析性复核法

分析性复核是审计人员对被审计单位重要的相关比率或趋势进行分析和比较，包括调查异常变动以及这些重要比率或趋势与预期数额和相关信息的差异。对于异常变动项目，审计人员应重新考虑其所采用的审计方法是否合适；必要时，应追加适当的审计程序，以获取相应的审计证据。分析性复核是一项技术性较高、说服力较强的取证手段，它要求审计人员具有较高的专业判断能力和审计经验，并运用一定的方式和程序确保检查风险降至可接受水平。

常用的分析性复核方法主要有比较分析法、平衡分析法、科目分析法和趋势分析法，进一步介绍如下。

（一）比较分析法

比较分析法是指直接通过对有关项目之间的对比来揭示其中的差异，并分析判断其差异形成原因的一种分析技术方法。

在具体应用比较分析法时，还应注意以下各点：

（1）对比之前，应对用来对比的被审项目有关资料内容的正确性予以确认；

（2）对比的各项目之间必须具有可比性；

（3）对比哪些内容应根据比较的目的而定；

（4）比较揭示的差异应加以记录并附加分析说明，为决定采用其他审计技术所用。

（二）平衡分析法

平衡分析法是指根据复式记账原理和会计制度的规定，以及经济活动之间的内在依存关系，对应该存在内在制约关系的有关项目进行计算或测定，以检查制约关系是否存在并揭示其中有无问题的一种分析技术。由于这种分析技术通常是通过对存在依存制约关系的数据的计算或测定来进行的，因而也有人称它为"制度数据约定法"或"控制计算法"。

在具体应用平衡分析方法时，还应注意以下各点：

（1）对有关指标先进行复核，验证本身是否正确；

（2）分析前，应找出项目之间存在的依存制约关系；

（3）应掌握一些生产经营活动的基本常识，以利于对依存制约关系的发现。

（三）科目分析法

科目分析法又称账户分析法，是审计分析中的一种主要技术方法。它是指以会计原理为依据，对总分类账户的借方或贷方的对应的账户及其发生额和余额是否正常进行分析的一种方法。

在具体运用科目分析法时，还应注意以下各点：
（1）应针对被审计单位的具体情况，找出其中应该重点检查的科目；
（2）在编制科目分析表时，应谨慎小心，以防疏漏而导致错误的审计结论；
（3）必须将正常的对应科目列全，否则难以发现问题。

（四）趋势分析法

趋势分析法亦称动态分析法，是指从发展的观点来分析研究经济活动在时间上的变动情况，从而揭示其增减变动的幅度及其发展趋势是否正常、合理、有无问题的一种分析技术方法。

趋势分析法既适用于财务审计中用来提示被审计经济活动有无问题，也适用于经济效益审计中用于揭示活动的发展前景。

在具体应用趋势分析时，还应特别注意以下各点：
（1）进行分析前，应对用来进行分析的各种指标本身的可比性予以认可；
（2）用于进行趋势分析的有关指标在各个时期应具备可比性；
（3）选用的方法必须合理、恰当；
（4）做出分析结论时，应综合考虑各种因素的影响，决不能草率从事。
（5）分析性复核所取得的结果，可用于对内部控制测试和评估的调整；对发现异常差异追加审计程序；对重要会计问题和重点审计领域进行深入查证。

九、推理法

推理法是指审计人员根据已经掌握的事实或线索，结合自身的经验并运用逻辑方法，来确定一种审计方案并推测实施后可能出现的结果的一种审计技术方法。

在具体应用推理时还应特别注意以下各点：
（1）分析、推理都应以已知的事实为依据；
（2）对于用来推理的基础资料，在运用推理法之前应加以核实，以防推理出错；
（3）对于推理得出的结论，必须通过核实取证后才能加以利用；
（4）在运用推理法时，应注意结合采用分析判断等方法。

十、询问法

询问法亦称面询法，是指审计人员针对某个或某些问题通过直接找有关人员进行面谈，以取得必要的资料，或对某一问题予以证实的一种审计技术方法。

按询问对象的不同，询问法可分为知情人的询问和当事人的询问两种。对知情人的询问是指通过找有关知晓某一问题具体情况的人员进行面谈，来获得资料或证实问题；对当事人的询问是指找有关问题的直接负责人进行面谈，来获取资料或核实问题。按询问的方式不同，又可分为个别询问和集体询问两种。

（一）询问方式的选择

（1）个别询问。即个别交谈，它是指找有关人员进行单个面谈，来获取所需资料的一种询问方法。

（2）集体询问。集体询问指找多个有关人员一起面谈，来获取所需资料的一种询问方法。这种方法实际上就是通常所说的开座谈会。

总之，应采用何种方式，要根据询问内容的具体情况以及被询问者的具体情况而定。

（二）询问的策略

询问的策略主要包括创造适宜的询问气氛，恰当地提出问题和注意询问技巧等。例如，审计人员应注意倾听被询问人的陈述，适当地引导和始终保持平易近人的态度；提出的问题要具体，要有事实依据，要有条理，用词得当等；询问时，可根据需要采用先发制人、侧面暗示、迂回进攻、攻心、巧设问等技巧。

询问法的应用比较广泛，既可用于对被审计单位有关情况的一般了解，又可用于审计证据的落实，同时，还可用于针对某些书面资料或财产物资进行证实时的补充证据。

在具体应用询问法时，还应特别注意以下各点：

（1）审计人员应有两人以上在询问现场，以相互配合；

（2）已列入计划的询问对象应予保密，特别是对当事人的询问更应如此；

（3）询问时，应认真做好询问笔录，并在询问完毕后交被询问人审阅并签名，并明确责任，防止口说无凭；

（4）对涉及多个当事人的询问，应单独同时进行，以防相互串通建立攻守同盟。

十一、调节法

调节法是指审查某一经济项目时，为了验证其数据是否正确，而对其中某些因素进行必要的增减调节，从而求得所需要证实的数据的一种审计技术方法。例如，前述盘存法中当材料、产品盘存日与查账日不同时，应采用调节法；银行存款账户余额和银行对账单所列余额不一致时，也应采用调节法。

第四节 审计实施方法的选用

一、依据审计对象和审计目标的具体情况选用审计方法

进行财务审计时，主要运用查账的方法，如审阅法、复核法、核对法、函证法等；进行经济效益审计时，则既要运用财务审计的一般方法，又要运用多种分析方法及现代管理方法，如经济活动分析、技术经济分析、决策分析和数学分析等。但就每个具体的审计项目而言，则应具体分析以后才能决定选用何种方法。

二、依据被审单位的实际情况选用审计方法

被审单位情况不同，需要选用的审计方法也不相同。

三、依据不同的审计类型选用审计方法

不同类型的审计，或同一类型的不同审计项目，或是同一审计项目，可能都需要经过不同途径获取多种证据。不同证据要用不同方法才能获得。例如，实物证据的获得必须运用盘点法，第三方的外来证据要运用函证法或询问法，等等。

四、依据审计人员的素质来选用审计方法

在选用审计方法时，必须考虑审计人员的素质，即要看该审计人员的素质是否与运用该方法时所需具备的知识和能力相适应。

五、依据审计方式选用审计方法

审计方式不同，选用审计的方法也不同。例如，行政事业单位实行报送审计，则一般就不需要运用盘存法去核实资产（特例除外）；而进行就地审计时，则盘存法核实资产的实有数常常是必须经过的步骤。如在进行全面审计时，则一般可以采用逆查法和抽查法；若进行专题审计，则一般要用详查法、顺查法等。如果要真正彻底查问题，则需要很多方法配合使用。

六、依据审计结论的保证程度和审计成本选用审计方法

审计结论的保证程度不同，需要的审计手续也各不相同。保证程度越高，办理的审计手续也要求越精密，从而也就决定了审计方法的选用。如若要保证审计结论100%可靠，则必须进行详查，其结果也就必然要综合运用各种审计方法；如果保证程度是90%，那么就可以采用抽样审查。

审计成本也决定了审计方法的选用。审计人员既要考虑成本的限制，同时又要考虑由于降低成本而对审计结论产生的影响，通过综合比较后，再决定应选用的审计方法。

七、依据具体项目综合运用审计方法

一般而言，对某一个具体的审计项目进行审计时，并非运用某一种方法就能解决，往往需要运用多种方法。因而，在审计时，应结合其他审计项目综合考虑，将顺查法与逆查法、详查与抽查、查账与调查、分析推理与核实等方法结合运用，以彻底查清所有问题。

第五章

审计证据与审计工作底稿

第一节　审计证据

一、审计证据的含义与种类

（一）含义

审计证据指注册会计师为得出审计结论、形成审计意见而使用的所有信息。其包括构成财务报表基础的会计记录所含有的信息和其他信息两类。

（二）种类

根据会计报表编制的基础来分，审计证据包括两类：会计记录证据和其他证据。

1. 会计记录证据

构成财务报表基础的会计记录主要有原始凭证、记账凭证、总分类账、明细分类账和未在记账凭证中反映的对财务报表的其他调整，即支持成本分配、计算、调节和披露的手工计算表和电子数据表。

会计记录取决于相关交易的性质，既包括被审计单位内部生成的手工或电子形式的凭证，也包括从与被审计单位进行交易的其他企业收到的凭证，如：销售发运单和发票、顾客对账单及顾客的汇款通知单；附有验货单的订购单、购货发票和对账单；考勤卡和其他工时记录、工薪单、个别支付记录和人事档案；支票存根、电子转移支付记录、银行存款单和银行对账单；合同记录；记账凭证；分类账账户调节表等。

2. 其他证据

主要包括注册会计师从被审计单位内部或外部获取的会计记录以外的信息，如被审计单位会议记录、内部控制手册、询证函回函、分析师报告、与竞争者的比较数据等；通过询问、观察和检查等审计程序获取的信息，如通过检查存货获取存货存在的证据等；注册会计师自身编制或获取的可以通过合理推断得出结论的信息，如注册会计师编制的各种计算表、分析表等。

财务报表依据的会计记录所含有的信息和其他信息共同构成审计证据，二者缺一不可。没有前者，审计工作将无法进行；没有后者，注册会计师可能无法识别重大错报风险。只有将两者有机结合，才能将数据分析错漏降低至可接受的低水平，为注册会计师发表审计意见提供合理基础。

二、审计证据的特征

充分性和适当性是审计证据的基本特征。

（一）审计证据的充分性

审计证据的充分性是对审计证据数量的衡量，主要与注册会计师确定的样本量有关。如对某个审计项目实施某一选定的审计程序，从 300 个样本项目中获得的证据要比从 200 个样本项目中获取的证据更充分。获取的审计证据应当充分，足以将与每个重要认定相关的审计风险限制在可接受的水平。

注册会计师需要获取的审计证据的数量受其对重大错报风险评估的影响（评估的重大错报风险越高，需要的审计证据可能越多），并受审计证据质量的影响（审计证据质量越高，需要的审计证据可能越少）。然而，注册会计师仅靠获取更多的审计证据无法弥补其质量上的缺陷。

（二）审计证据的适当性

审计证据的适当性是对审计证据质量的衡量，即审计证据在支持审计意见所依据的结论方面具有的相关性和可靠性。相关性和可靠性是审计证据适当性的核心内容，只有相关且可靠的审计证据才是高质量的。

（1）审计证据的相关性。相关性指用作审计证据的信息与审计程序的目的和所考虑的相关认定间的逻辑联系。如某审计程序的目的是测试应付账款的漏记错报，则测试已记录的应付账款很可能不是相关的审计程序，而是测试期后支出、未支付发票、供应商结算单及发票未到的收获报告单等。

在确定审计证据的相关性时，注册会计师应当考虑：特定的审计程序只能为某些认定提供相关的审计证据，而与其他认定无关；有关某一特定认定（如存货的存在认定）的审计证据，不能替代与其他认定（如该存货的计价认定）相关的审计证据；不同来源或不同性质的审计证据可能与同一认定相关。

（2）审计证据的可靠性。可靠性指审计证据的可信程度，如注册会计师亲自检查存货获得的审计证据，比被审计单位管理层提供给注册会计师的存货数据更可靠。

审计证据的可靠性受其来源和性质的影响，并取决于获取审计证据的具体环境。审计证据可靠性的程度可用下列判断标准：从外部独立来源获取的审计证据比从其他来源获取的审计证据更可靠；内部控制有效时内部生成的审计证据比内部控制薄弱时内部生成的审计证据更可靠；直接获取的审计证据比间接获取或推论得出的审计证据更可靠；以文件、记录形式（无论纸质、电子或其他介质）存在的审计证据比口头形式的审计证据更可靠；从原件获取的审计证据比从传真件或复印件获取的审计证据更可靠。

注册会计师在对审计证据可靠性作出评价时，还应注意例外情况。如，审计证据虽然是从独立的外部来源获得，但如果该证据是由不知情者或不具备资格者提供，审计证据也可能是不可靠的。

（三）充分性和适当性之间的关系

充分性和适当性是审计证据的重要特征，只有充分适当的审计证据才是有证明力的。

注册会计师需要获取的审计证据的数量受审计证据质量的影响，审计证据质量越高，需要获取的审计证据数量越少。

三、获取审计证据的特殊考虑

(一) 对文件记录可靠性的考虑

审计工作通常不涉及鉴定文件记录的真伪，注册会计师也不是鉴定文件记录真伪的专家，但应当考虑用作审计证据的信息的可靠性，并考虑与这些信息生成和维护相关控制的有效性。

如果在审计过程中识别出的情况使其认为文件记录可能是伪造的，或文件记录中的某些条款已发生变动，注册会计师应当做进一步调查，包括直接向第三方函证，或考虑利用专家的工作以评价文件记录的真伪。如发现某银行询证函回函有伪造或篡改的迹象，注册会计师应当做进一步调查，并考虑是否存在舞弊的可能性。必要时，还要通过适当方式聘请专家予以鉴定。

(二) 使用被审计单位生成信息时的考虑

注册会计师为获取可靠的审计证据，实施审计程序时使用的被审计单位生成的信息需要足够完整和准确。例如，通过用标准价格乘销售量来对收入进行审计时，其有效性受到价格信息准确性和销售量数据完整性、准确性的影响。类似的，如果注册会计师打算测试总体（付款）是否具备某一特性（如授权），若选取测试项目的总体不完整，则测试结果可能不太可靠。

如果针对这类信息的完整性和准确性获取审计证据是所实施审计程序本身不可分割的组成部分，则可以与对这些信息实施的审计程序同时进行。在其他情况下，通过测试针对生成和维护这些信息的控制，注册会计师也可以获得关于这些信息完整性和准确性的审计证据。然而，在某些情况下，注册会计师可能确定有必要实施追加的审计程序。

某些情况下，注册会计师可能打算将被审计单位生成的信息用于其他审计目的。例如，注册会计师可能打算将被审计单位的业绩评价用于分析程序，或利用被审计单位用于监控活动的信息（如内部审计报告等），这种情况下，获取的审计证据的适当性受到该信息对审计目的而言是否足够精确和详细的影响。比如，管理层的业绩评价对于发现重大错报可能不够精确。

(三) 证据相互矛盾时的考虑

如果针对某项认定从不同来源获取的审计证据或获取的不同性质的审计证据能够相互印证，与该项认定相关的审计证据则具有更强的说服力。例如，注册会计师通过检查委托加工协议发现被审计单位有委托加工材料，且委托加工材料占存货比重较大，经发函询证后证实委托加工材料确实存在。委托加工协议和询证函回函这两个不同来源的审计证据相互印证，说明委托加工材料真实存在。

如果从不同来源获取的审计证据或获取的不同性质的审计证据不一致，表明某项审计证据可能不可靠，注册会计师应当追加必要的审计程序。上例中，如果注册会计师发函询证后证实委托加工材料已加工完成并返回被审计单位，委托加工协议和询证函回函这两个不同来源的证据不一致，委托加工材料真实存在受到质疑。这时，注册会计师应当追加审计程序，确认委托加工材料收回后是否未入库，或被审计单位收回后予以销售而未入账。

（四）对成本的考虑

注册会计师可以考虑获取审计证据的成本与所获取信息的有用性之间的关系，但不应以获取审计证据的困难和成本为由减少不可替代的审计程序。

在保证获取充分、适当的审计证据的前提下，控制审计成本也是会计师事务所增强竞争和获利能力所必需的。但为了保证得出的审计结论、形成的审计意见是恰当的，注册会计师不应将获取审计证据的成本高低和难易程度作为减少不可替代审计程序的理由。

四、获取审计证据的途径

在审计过程中，注册会计师可根据需要单独或综合运用检查、观察、询问、函证、重新计算、重新执行和分析程序等审计程序来获取充分、适当的审计证据。

（一）检查

检查指注册会计师对被审计单位内部或外部生成的，以纸质、电子或其他介质形式存在的记录和文件进行审查，或对资产饰物进行审查。

检查记录或文件可提供可靠程度不同的审计证据。

（二）观察

观察指注册会计师查看相关人员正在从事的活动或实施的程序。例如，注册会计师对被审计单位人员执行的存货盘点或控制活动进行观察。

观察可提供执行有关过程或程序的审计证据。

（三）询问

询问指注册会计师以书面或口头方式，向被审计单位内部或外部的知情人员获取财务信息或非财务信息，并对答复进行评价的过程。

知情人士对询问的答复可能为注册会计师提供尚未获悉的信息或佐证证据，也可能提供与已获悉信息存在重大差异的信息，注册会计师应当根据询问结果考虑修改审计程序或实施追加的审计程序。

尽管通过询问可以获得大量证据，但通常不能作为结论性证据，因为其来源不够独立，且可能存在偏向的意愿。

（四）函证

函证指注册会计师直接从第三方（被询证者）获取书面答复以作为审计证据的过程，书面答复可以采用纸质、电子或其他介质等形式。

函证常常是相关的程序。其不仅仅局限于账户余额。例如，注册会计师可能要求对被审计单位与第三方间的协议和交易条款进行函证。注册会计师可能在询证函中询问协议是否做过修改，如果做过修改，要求被询证者提供相关的详细信息。此外，函证程序还可以用于获取不存在某些情况的审计证据，如不存在可能影响被审计单位收入确认的"背后协议"。

(五) 重新计算

重新计算指注册会计师对记录或文件中的数据计算的准确性进行核对。

重新计算可通过手工或电子方式进行。

(六) 重新执行

重新执行指注册会计师独立执行原本作为被审计单位内部控制组成部分的程序或控制。

(七) 分析程序

分析程序指注册会计师通过分析不同财务数据间以及财务数据与非财务数据间的内在联系，对财务信息做出评价。分析程序还包括在必要时对识别出的、与其他相关信息不一致或与预期值差异重大的波动或关系进行调查。

第二节 审计工作底稿

一、审计工作底稿的概念

审计工作底稿指注册会计师对制定的审计计划、实施的审计程序、获取的相关审计证据及得出的审计结论做出的记录。其是审计证据的载体，是注册会计师在审计过程中形成的审计工作记录和获取的资料。它形成于审计过程并反映整个审计过程。

审计工作底稿可以以纸质、电子或其他介质形式存在。

二、审计工作底稿的作用

(1) 提供审计工作实际执行情况的记录，并形成审计报告的基础；

(2) 用于质量控制复核、监督会计师事务所对审计准则的遵循情况及第三方的检查等；

(3) 在会计师事务所因执业质量涉及诉讼或有关监管机构进行执业质量检验时，提供证据证明会计师事务所是否按照《中国注册会计师审计准则》的规定执行了审计工作。

三、审计工作底稿的类型

审计工作底稿通常包括总体审计策略、具体审计计划、分析表、问题备忘录、重大事项概要、询证函回函和声明、核对表、有关重大事项的往来函件（含电子邮件）、被审计单位文件记录的摘要或复印件（如重大的或特定的合同及协议）、业务约定书、管理建议书、项目组内部或项目组与被审计单位举行的会议记录、与其他人士（如其他注册会计师、律师、专家等）的沟通文件和错报汇总表等。

其中，分析表主要指对被审计单位财务信息执行分析程序的记录；问题备忘录指对某一事项或问题的概要的汇总记录；核对表指会计师事务所内部使用的、为便于核对某些特定审计工作或程序的完成情况的表格。

实务中，会计师事务所一般基于审计准则及在实务中的经验等，统一制定某些格式、索引及涵盖内容等方面相对固定的审计工作底稿模板和范例，并在此基础上根据各具体企业的业务特点进行必要修改，从而制定适用于具体项目的审计工作底稿。这样做是为了从整体上提高工作效率和质量，并进行统一质量管理。

四、审计工作底稿的要素、格式和范围

（一）审计工作底稿的要素

审计工作底稿包含八大要素：审计工作底稿的标题、审计过程记录、审计结论、审计标识及其说明、索引号及编号、编制者姓名及编制日期、复核者姓名及复核日期、其他应说明事项。

1. 审计工作底稿的标题

每张底稿应该包括被审计单位的名称、审计项目的名称及资产负债表日或底稿涵盖的会计期间（如果与交易相关）。

2. 审计过程记录

记录审计过程时，应特别注意以下重点：

（1）具体项目或事项的识别特征。

在记录实施审计程序的性质、时间安排和范围时，注册会计师应当记录测试的具体项目或事项的识别特征。记录具体项目或事项的识别特征可实现多种目的，例如：反映项目组履行责任的情况；对例外事例或不符事实进行调查；对测试的项目或事项进行复核；等等。

识别特征指被测试的项目或事项表现出的征象或标志。识别特征因审计程序的性质和测试的项目或事项的不同而不同。对某一个具体项目或事项而言，其识别特征通常具有唯一性，该特性可使其他人员根据识别特征在总体中识别该项目或事项并重新执行该测试。表5-1列举了部分审计程序中测试样本的识别特征。

表5-1 部分审计程序中测试样本的识别特征

审计程序	测试样本的识别特征
对订购单进行细节测试	订购单的日期和唯一编号
需要系统化抽样	样本来源、抽样起点及抽样间隔
需要询问特定人员	询问的时间、被询问者姓名和职业
观察程序	观察对象和过程、被观察人员及各自责任、观察的时间和地点

（2）重大事项及相关重大职业判断。

重大事项通常包括：引起特别风险的事项；实施审计程序的结果，该结果表明财

务信息可能存在重大错报,或需要修正以前对重大错报风险的评估和针对这些风险拟采取的应对措施;导致注册会计师难以实施必要审计程序的情形;导致出具非无保留意见或带强调事项段"与持续经营相关的重大不确定性"等段落的审计报告的事项。

注册会计师应当记录与管理层、治理层和其他人员对重大事项的讨论,包括讨论重大事项的性质及讨论的时间、地点和参加人员。

有关重大事项的记录可能分散在审计工作底稿的不同部分。将这些分散记录汇总在重大事项概要中,可帮助注册会计师集中考虑重大事项对审计工作的影响,也可便于审计工作的复核人员全面、快速地了解重大事项,从而提高复核工作的效率。重大事项概要包括审计过程中识别的重大事项及其如何得到解决,或对其他支持性审计工作底稿的交叉索引。

当涉及重大事项和重大职业判断时,注册会计师需要编制与运用职业判断相关的审计工作底稿。例如,如果审计准则要求注册会计师"应当考虑"某些因素或信息,且这种考虑在特定业务情况下是重要的,则应当记录注册会计师得出结论的理由;记录注册会计师对某些方面主观判断的合理性(如某些重大会计估计的合理性)得出结论的基础;如果注册会计师针对审计过程中识别出的导致其对某些文件记录的真实性产生怀疑的情况实施了进一步调查(如适当利用专家的工作或实施函证程序),则应当记录注册会计师对这些文件记录真实性得出结论的基础。

(3)针对重大事项如何处理不一致的情况。

如果识别出的信息与针对某重大事项得出的最终结论不一致,注册会计师应当记录如何处理不一致的情况。这可以帮助注册会计师关注这些不一致,并对此执行必要的审计程序以恰当解决这些不一致。上述情况包括但不限于注册会计师针对该信息执行的审计程序、项目组成员对某事项的职业判断不同而向专业技术部门的咨询情况,及项目组成员和被咨询人员不同意见的解决情况。

但需要注意的是,对如何解决这些不一致的记录要求并不意味着注册会计师需要保留不正确的或被取代的审计工作底稿。例如,某些信息初步显示与针对重大事项得出的最终结论不一致,注册会计师发现这些信息是错误的或不完整的,且初步显示的不一致可以通过获取正确或完整的信息得到满意解决,则注册会计师无须保留这些错误的或不完整的信息。此外,对于职业判断的差异,若初步的判断意见是基于不完整的资料或数据,则注册会计师也无须保留这些初步的判断意见。

3. 审计结论

审计工作的每一部分都应包含与已实施审计程序的结果及其是否实现既定审计目标相关的结论,还应包括审计程序识别出的例外情况和重大事项如何得到解决的结论。注册会计师恰当记录审计结论非常重要。注册会计师需要根据所实施的审计程序及获取的审计证据得出结论,并以此作为对财务报表发表审计意见的基础。在记录审计结论时需注意,在审计工作底稿中记录的审计程序和审计证据是否足以支持得出的审计结论。

4. 审计标识及其说明

审计标识被用于与已实施审计程序相关的底稿。每张底稿都应包含对已实施程序的性质和范围所做的解释,以支持每一个标识的含义。审计工作底稿中可使用各种审计标识,但应说明其含义,并保持前后一致。常见标识见表5-2所示。

表5-2 常见标识与含义

常见标识	含义
∧	纵加核对
<	横加核对
B	与上年结转数核对一致
T	与原始凭证核对一致
G	与总分类账核对一致
S	与明细账核对一致
T/B	与试算平衡表核对一致
C	已发询证函
C\	已收回询证函

5. 索引号及编号

通常,审计工作底稿需要注明索引号及顺序编号,相关审计工作底稿间需要保持清晰勾稽关系。为便于汇总及交叉索引和复核,每个事务所都会制定特定的审计工作底稿归档流程。每张表或记录都有一个索引号,如A1、C5等,以说明其在审计工作底稿中的放置位置。工作底稿中包含的信息通常需要与其他相关工作底稿中的信息进行交叉索引,如现金盘点表与列示所有现金余额的导表进行交叉索引。利用计算机编制工作底稿时,可采用电子索引和链接。随着审计工作的推进,链接表还可予以自动更新。例如,审计调整表可以链接到试算平衡表,为相关调整分录插入索引号。同样,评估的固有风险或控制风险可以与针对特定风险领域设计的相关审计程序进行交叉索引。

6. 编制人员和复核人员及执行日期

为明确责任,在各自完成与特定工作底稿相关的任务后,编制者和复核者都应在工作底稿上签名并注明编制日期和复核日期。在记录已实施审计程序的性质、时间安排和范围时,注册会计师应当记录:测试的具体项目或事项的识别特征;审计工作的执行人员及完成审计工作的日期;审计工作的复核人员及复核的日期和范围。

在需要项目质量控制复核的情况下,还需要注明项目质量控制复核人员及复核日期。

通常需要在每一张审计工作底稿上注明执行审计工作的人员和复核人员、完成该项审计工作的日期及完成复核的日期。但在实务中,如果若干页的审计工作底稿记录同一性质的具体审计程序或事项，且编制在同一个索引号中，可以仅在工作底稿的第一页上记录审计工作的人员和复核人员并注明日期。

五、审计工作底稿的复核

审计实务中，一张审计工作底稿往往由一名注册会计师独立编制完成或取得，编制者对有关资料的引用、处理、专业判断和计算分类等方面难免出现某些偏差或失误，因此，必须建立审计工作底稿复核制度。通过对审计工作底稿的复核，可以有效减少或消除人为审计误差，及时发现和解决审计过程中存在的问题，保证审计计划的顺利执行，降低审计风险，提高审计质量。

对审计工作底稿的复核分为项目组内部复核和项目质量控制复核两个层次。

项目组内部复核包括审计项目经理复核和项目合伙人复核。

六、审计工作底稿的归档

在审计报告日后，将审计工作底稿规整为最终审计档案是一项事务性的工作，不涉及实施新的审计程序或得出新的结论。

注册会计师应当针对每项具体审计业务，将审计工作底稿规整为审计档案。

（一）审计档案结构类别

典型审计档案结构及内容见表 5-3。

表 5-3 典型审计档案结构及内容

结构类别	包含内容
沟通和报告相关工作底稿	审计报告和经审计的财务报表
	与主审注册会计师的沟通和报告
	与治理层的沟通和报告
	与管理层的沟通和报告
	管理建议书
审计完成阶段工作底稿	审计工作完成情况核对表
	管理层声明书原件
	重大事项概要
	错报汇总表
	被审计单位财务报表和试算平衡表
	有关列报的工作底稿（如现金流量表、各类交易的披露等）
	财务报表所属期间的董事会会议纪要
	总结会会议纪要

续表

结构类别	包含内容
审计计划阶段工作底稿	总体审计策略和具体审计计划
	对内部审计职能的评价
	对外部专家的评价
	对服务机构的评价
	被审计单位提交资料清单
	集团注册会计师的指示
	前期审计报告和经审计的财务报表
	预备会会议纪要
特定项目审计程序表	舞弊
	持续经营
	对法律法规的考虑
	关联方
进一步审计程序工作底稿	有关控制测试工作底稿
	有关实质性程序工作底稿（含实质性分析程序和细节测试）

（二）审计工作底稿归档期限

审计工作底稿的归档期限为审计报告日后60天内。如果注册会计师未能完成审计业务，审计工作底稿的归档期限为审计业务终止后的60天内。

如果针对客户的同一财务信息执行不同的委托业务，出具两个或多个不同报告，会计师事务所应当将其视为不同的业务，根据制定的程序和规则，在规定的归档期限内分别将审计工作底稿规整为最终审计档案。

（三）归档后的变动

1. 需要变动审计工作底稿的情形

如果出现下列情形，注册会计师可能认为有必要修改现有审计工作底稿或增加新的审计工作底稿：

（1）注册会计师已实施了必要的审计程序，取得了充分、适当的审计证据并得出了恰当的审计结论，但审计工作底稿的记录不够充分。

（2）审计报告日后发现例外情况要求注册会计师实施新的或追加审计程序，或导致注册会计师得出新的结论。例外情况主要指审计报告日后发现与已审计财务信息相关，且在审计报告日已经存在的事实，该事实如果被注册会计师在审计报告日前获知，则可能影响审计报告。如注册会计师在审计报告日后才获知法院在审计报告日前已对被审计单位的诉讼、索赔事项做出最终判决。

2. 变动审计工作底稿时的记录要求

完成最终审计档案的规整工作后,如果发现有必要修改现有审计工作底稿或增加新的审计工作底稿,无论修改或增加的性质如何,注册会计师均应记录下列事项:

(1) 修改或增加审计工作底稿的理由;

(2) 修改或增加审计工作底稿的时间和人员,以及复核的时间和人员。

(四) 审计工作底稿的保存期限

会计师事务所应当自审计报告日起,对审计工作底稿至少保存 10 年。如果注册会计师未能完成审计业务,会计师事务所应当自审计业务中止日起,对审计工作底稿至少保存 10 年。

完成最终审计档案的规整工作后,注册会计师不应在规定的保存期限届满前删除或废弃任何性质的审计工作底稿。

(五) 审计工作底稿的保密与调阅

审计工作底稿详细记录了被审计单位各方面情况,涉及被审计单位大量的商业秘密,一般不拟向外公开。但在下列情形下可调阅审计工作底稿:

(1) 法院、检察院及其他部门因工作需要,在办理必要手续后可调阅。

(2) 因职业检查或其他需要,注册会计师协会可以查阅会计师事务所的审计工作底稿;上级国家审计机关可调阅下级国家审计机关的审计工作底稿;上级内部审计机构或内部审计机构的主管部门可调阅下级内部审计机构的审计工作底稿。

(3) 不同会计师事务所的注册会计师,因审计工作需要,并经涉及事项的委托人同意,办理有关手续后,可以调阅同行的审计工作底稿。

第 六 章

内部控制制度与审计风险

第一节 内部控制制度

一、内部控制制度的产生与发展

内部控制发展主要经历了内部牵制、管理控制与会计控制、内部控制结构和内部控制完整框架四个阶段。

1. 第一阶段：内部牵制阶段

根据《柯氏会计辞典》，内部牵制是指："以提供有效的组织和经营，并防止错误和其他非法业务发生的业务流程设计。其主要特点是以任何个人或部门不能单独控制任何一项或一部分业务权力的方式进行组织上的责任分工，每项业务通过正常发挥其他个人或部门的功能进行交叉检查或交叉控制。"一般来说，内部牵制机能的执行大致可分为：实物牵制、机械牵制、体制牵制和簿记牵制。实践证明这些设想是合理的，内部牵制机制确实能有效地减少错误和舞弊行为。

2. 第二阶段：管理控制与会计控制阶段

1949年，美国会计师协会的审计程序委员会在题为《内部控制、协调系统诸要素及其对管理部门和审计人员的必要性》的专题报告中，对内部控制首次作了定义："内部控制是企业所制定的旨在保护资产，保证会计资料可靠性和准确性，提高经营效率，推动管理部门所制定的各项政策得以贯彻执行的组织计划和相互配套的各种方法及措施。"

1958年10月，该委员会发布的《审计程序公告第29号》对内部控制定义重新进行表述，将内部控制划分为内部会计控制和内部管理控制。内部会计控制包括（但不限于）组织规划及所有方法和程序，这些方法和程序与财产安全和财务记录可靠性有直接的联系。这些控制包括授权与批准制度、从事财务记录和审核、从事经营或财产保管职务分离的控制、财产的实物控制和内部审计。内部管理控制包括（但不限于）组织规划及所有方法和程序，主要与经营效率和贯彻管理方针有关，通常只与财务记录有间接关系。这些控制一般包括统计分析、时动研究（即工作节奏研究）、业绩报告、员工培训计划和质量控制。

3. 第三阶段：内部控制结构阶段

20世纪80年代以后，西方会计审计界研究的重点逐步从一般含义向具体内容深化。1988年，美国审计人员协会发布《审计准则公告第55号》（SAS55），从1990年1月起取代1972年发布的《审计准则公告第1号》。这个公告首次以"内部控制结构"代替"内部控制"，指出"企业的内部控制结构包括为提供取得企业特定目标的合理保证而建立的各种政策和程序"。内部控制结构具体包括三个要素，它们是控制环境、会计系统、控制程序。

控制环境反映董事会、管理者、业主和其他人员对控制的态度和行为，具体包括管理哲学和经营作风、组织结构、确定职权和责任的方法等。会计系统则规定各项经济业务的确认、归集、分类、分析、登记和编报方法，以对各项经济业务适当进行分类，并在财务报表中恰当地表述经济业务及有关的提示内容。控制程序指管理当局所制定的政策和程序，用以保证达到一定的目的。这些内部控制结构的内容，一是正式将控制环境纳入内部控制范围；二是不再区分会计控制与管理控制，而统一以要素表述内部控制，这是因为西方学术界在对会计控制与管理控制进行研究时，逐步发现这两者往往是相互联系不可分割的。

4. 第四阶段：内部控制完整框架阶段

1996年，美国审计人员协会发布《审计准则公告第78号》（SAS78），全面接受1992年COSO（the Committee of Sponsoring Organizations of the Treadway Commission）报告的内容。新准则将内部控制定义为："由一个董事会、管理层和其他人员实现的过程，旨在为下列目标提供合理保证：财务报告的可靠性、经营的效果和效率、符合适用的法律和法规。"

该准则将内部控制结构划分为五部分，它们分别是控制环境、风险评估、控制活动、信息与沟通、监控。控制环境指构成一个单位的控制氛围，包括员工的诚实性和道德观、员工的胜任能力、董事会或审计委员会，以及管理理念和经营方式等。

风险评估指管理层识别和分析对经营、财务报告有影响的内部或外部风险，包括风险识别和风险分析。风险识别包括对外部因素（如技术发展、竞争、经济变化）和内部因素（如员工素质、公司活动性质）进行检查。风险分析涉及估计风险的重大程度、评价风险发生的可能性、考虑如何管理风险等。

控制活动指对所确认的风险采取必要的措施，以保证单位目标得以实现的政策和程序，如业绩评价、信息处理控制、实物控制、职责分离。

信息与沟通指为了使职员能执行其职责，企业必须识别、捕捉、交流外部和内部信息，沟通使员工了解其职责，保持对财务报告的控制。监控指评价内部控制质量的进程，即对内部控制运行及改进活动进行评价，包括内部审计及与外部人员、团体进行交流。

这五个部分内容广泛，相互关联。控制环境是其他控制部分的基础，如果漏洞百出，企业的内部控制就不可能有效；在规划控制活动时，必须对企业可能面临的风险进行细致的分析；风险评估和控制活动必须借助信息与沟通；内部控制的设计和执行必须受到有效的监控。

二、内部控制制度的目标

建立健全内部控制是被审计单位管理当局的会计责任。相关内部控制一般应当实现以下目标：

（1）保证业务活动按照适当的授权进行。

(2) 保证所有交易和事项以正确的金额在恰当的会计期间及时记录于适当的账户，使会计报表的编制符合会计准则与制度的相关要求。

(3) 保证全部资产和记录的接触、处理均经过适当的授权。

(4) 保证账面资产与实存资产定期核对相符。

三、内部控制制度要素

内部控制要素包括控制环境、会计系统和控制程序。

（一）控制环境

所谓控制环境，是对企业控制的建立和实施有重大影响的因素的统称。控制环境的好坏直接决定着企业其他控制能否实施或实施的效果。它既可增强也可削弱特定控制的有效性。比如，人事管理中聘用了不值得信任或不具备胜任能力的员工，可能使得某项特定控制无法实施或无效。企业的控制环境反映了管理当局和董事会关于控制对公司重要性的态度。一般而言，主要有以下具体控制环境。

1. 经营管理的观念、方式和风格

管理当局在建立一个有利的控制环境中起着关键性的作用。如果管理当局不愿意设立适当的控制或不能遵守建立的控制，那么控制环境将受到很不利的影响。下面三个方面的经营管理的观念、方式和风格，可能会极大地影响控制环境：

(1) 管理当局对待经营风险的态度和控制经营风险的方法；

(2) 为实现预算、利润和其他财务及经营目标，企业对管理的重视程度；

(3) 管理当局对会计报表所持的态度和所采取的行动。

在不考虑其他控制环境因素的情况下，如果管理当局是受某一个人或几个人支配，那么，以上这几个方面的影响可能会增大。比如，如果管理当局很想夸大会计报表中的盈余总额，审计人员则可能确定绝大多数认定的控制风险为最大值。

2. 组织结构

组织结构是指公司计划、协调和控制经营活动的整体框架。设置合理的组织结构，有助于建立良好的内部控制环境。一个公司的组织结构包括：

(1) 确定组织单位的形式和性质，包括确认相关的管理职能和报告关系；

(2) 为每个组织单位内部划分责任权限制定办法。

一个公司的组织结构通常用组织图来列示，此项组织图应准确地反映授权方式和报告关系。

3. 董事会

董事会对一个公司负有重要的受托的管理责任。如果在董事会里成立一个有效的审计委员会，将有利于公司保持良好的内部控制。董事会监督企业的各种经营活动，而审计委员会则监控会计报表。审计委员会除了协助董事会履行其职责外，还有助于保证董事会与公司外部及内部审计人员之间的直接沟通。如果董事会工作很负责、很勤勉，那么审计人员可能会减少对管理哲学和经营方式等方面的疑虑。

4. 授权和分配责任的方法

如果管理当局明确地建立了授权和分配责任的方法，就可大大增强组织的控制意识。比如，就可接受的经营实务、利益冲突和行为规范宣布书面政策，在书面工作说明书里还应描述出特定的责任、报告关系和有关限制。

5. 管理控制方法

管理控制方法是管理当局对其他人的授权使用情况直接控制和对整个公司的活动实行监督的方法的总称。这些方法包括：

（1）经营计划、预算、预测及利润计划；

（2）比较实际业绩与计划目标，并将比较结果通告有关管理人员的方法；

（3）调查调离期望值的差异，并及时采取适当的纠正措施；

（4）对发展或修改会计系统的控制政策。

对不同规模和不同复杂程度的企业，这些方法的重要性也不同。一般来说，企业规模越大且越复杂，这些方法就越重要。对一个经济发达的农村集体经济组织而言，正式的管理控制方法不可缺少；但是对于一个很小且由业主直接管理的组织来说，一般不需要很清楚地定义控制方法。

6. 内部审计

内部审计是企业自我独立评价的一种活动，内部审计可通过协助管理当局监督其他控制政策和程序的有效性，来促成好的控制环境的建立。此外，内部审计还能为改进内部控制提供建设性意见。内部审计的有效性与其权限、人员的资格以及可使用的资源紧密相关。内部审计人员必须独立于被审计部门，并且必须直接向董事会或审计委员会报告。

（二）会计系统

会计系统是指公司为了汇总、分析、分类、记录、报告公司交易，并保持对相关资产与负债的受托责任而建立的方法和记录。一个有效的会计系统应能做到以下几点：

（1）确认并记录所有真实的交易；

（2）及时且充分详细地描述交易，以便在会计报表上对交易做适当的分类；

（3）计量交易的价值，以便在会计报表上记录其适当的货币价值；

（4）确定交易发生的期间，以便将交易记录在适当的会计期间；

（5）在会计报表中适当地表达交易和披露相关事项。

会计系统的核心是处理交易。交易是因某经营实体与外界交换资产和劳务，以及公司内部转移或使用资产与劳务而形成的。公司的会计系统应为每笔交易提供一个完整的"审计轨迹"或"交易轨迹"。所谓"交易轨迹"是指通过编码、交叉索引和联结账户余额与原始交易数据的书面资料所提供的一连串的迹象。"交易轨迹"对管理当局和审计人员都很重要。比如，管理当局可使用"交易轨迹"来答复顾客或供应商有关账户余额的询问，审计人员也可使用"交易轨迹"来核证和追查交易。

（三）控制程序

控制程序是为了合理保证公司目标的实现而建立的政策和程序。控制程序可应用于某种交易（如销售），也可以广泛地加以应用，还可以融合应用于控制环境或会计系统的特定组成部分。控制程序可分为五类，以下说明这五类各自包括的特定控制程序，以及这些控制程序与会计报表认定的关系。

1. 交易授权

交易授权程序的主要目的在于保证交易是管理人员在其授权范围内授权才产生的。授权有一般授权和特别授权之分。

交易授权程序通常对"存在或发生"认定，以及某些"估价或分摊"认定的控制风险有直接影响。交易有时是按授权价格执行，比如，董事会可能授权按某一价格购买某子公司。在这种情况下，授权就与"估价或分摊"认定相关。

2. 职责划分

这一类控制程序是指对某交易涉及的各项职责进行合理划分，使每一个人的工作能自动地检查另一个人或更多人的工作。

职责划分的主要目的是为了预防和及时发现在执行所分配的职责时所产生的错误或舞弊行为，对于不相容的职责必须实行职责划分。

3. 凭证与记录控制

凭证是证明交易发生和交易的价格、性质及条件的证据。常见的凭证有发票、支票、合同和工时记录等。凭证经过签名或者盖章，还可作为交易执行和记录职责的依据。

凭证和记录的控制程序会影响三种认定的控制风险，即：

（1）适当保持的记录，如永续存货记录、应收账款记录、职工工资收入记录等，同"存在或发生"认定有关。

（2）使用预先编号的凭证并按其编号进行会计处理，同"完整性"认定有关。

（3）原始凭证，如销售发票或支票等，提供了交易记录的金额，直接和"估价或分摊"认定相关。

4. 资产接触与记录使用

资产接触与记录使用主要是指限制接近资产和接近重要记录，以保证资产和记录的安全。

保护资产和记录安全的最重要措施就是采用实物防护措施。

5. 独立稽核

独立稽核是指验证由另一个人或部门执行的工作和验证所记录金额估价的正确性。

独立稽核同很多认定相关。应在什么时候采用什么方式进行独立稽核，视具体情况而定。人工计算稽核可以每日对所有交易或选出的交易进行，相反，资产与记录的比较和管理当局对报告的复核可定期（如每周或每月）进行。一些独立的检查，如备用金的盘点，应采取突击的方式，以免有关人员的"粉饰"。

四、内部控制制度与审计的关系

内部控制既是被审计单位对其经济活动进行组织、制约、考核和调节的重要工具,也是审计人员用以确定审计程序的重要依据。在审计的发展过程中,对内部控制的重视与信赖,加速了现代审计方法的变革,节约了审计时间和审计费用,同时也扩大了审计范围,完善了审计的职能。在确定内部控制与审计的关系时,应当明确以下三点:

(1) 审计人员在执行审计业务时,不论被审计单位规模大小,都应当对相关的内部控制进行充分的了解。

(2) 审计人员应根据其对被审计单位内部控制的了解,确定是否进行控制测试以及将要执行的控制测试的性质、时间和范围。

(3) 对被审计单位内部控制的了解和控制测试,并非审计工作的全部内容。内部控制良好的单位,审计人员可能评估其控制风险较低而减少实质性测试程序,但绝不能完全取消实质性测试程序。

五、内部控制制度的固有缺陷

内部控制制度具有十分重要的作用,但并不意味着内部控制制度越健全越好,控制环节越细致越好。同时,内部控制制度易受其工作环境的制约。因此,审计人员在对被审计单位的内部控制制度进行评价的时候不能对内部控制制度过分依赖,应当保持应有的职业谨慎,充分关注内部控制制度以下的固有限制:

(1) 内部控制的设计和运行受制于成本与效益的原则。内部控制的每个环节都是对企业有益的,然而每一个控制环节都必然伴随着成本的发生。企业的管理当局在建立内部控制的时候,往往会对内部控制的成本与效益进行权衡比较。一些理想的内部控制常常因为其所需的成本费用超过其所要防止或减少的错误本身造成的损失,而导致一些企业退而求其次,选择一些理论上并非十分完善的内部控制制度。

(2) 内部控制的设计和运行受制于业务环境。内部控制一般针对常规业务进行控制,而对于个别的、偶然发生的业务,建立控制就较为困难,或者从成本效益的角度分析考虑,建立这方面的内部控制没有必要。

(3) 内部控制的运行受制于执行人员的素质。即使是设计完整的内部控制,也可能因执行人员的粗心大意、精力分散、判断失误以及对指令的误解而失效。

(4) 内部控制的设计和运行不能解决串通舞弊的问题。设计完整的内部控制可能因为有关人员的相互勾结、内外串通而失效。

(5) 内部控制可能因为单位领导与执行人员滥用职权或屈从于外部压力而失效。

(6) 内部控制可能因为经营环境、业务性质的改革而削弱或失效。

由于内部控制制度上述固有的限制,这就要求审计人员必须清醒地认识到,无论被审计单位内部控制的设计和运行是多么的有效,都仅能在一定程度上防止差错或舞弊的发生,而不能防止所有的差错和舞弊。

第二节 审计风险

一、概念与分类

审计风险指当财务报表存在重大错报时,注册会计师发表不恰当审计意见的可能性。其由重大错报风险和检查风险构成。

1. 重大错报风险

重大错报风险主要指财务报表自身存在重大错报的可能性。其包含认定层次(assertion level)和财务报表整体层次(overall financial statement level)两个方面。

(1)财务报表层次重大错报风险与财务报表整体存在广泛联系,可能影响多项认定。该风险增大了认定层次发生重大错报的可能性,主要来源于企业客观的经营风险或企业高层共同舞弊、虚构交易。

(2)认定层次重大错报风险指与各类交易、账户余额和披露认定相关的风险,其主要源于经济交易本身的性质和复杂程度引起的错报,企业管理当局囿于自身认识和技术水平造成的错报,及管理当局或个别人员舞弊或造假造成的错报。注册会计师应当在各类交易、账户余额和披露认定层次获取审计证据,以便能在审计工作完成时,以可接受的低审计风险水平对财务报表整体发表审计意见。

认定层次的重大错报风险可细分为固有风险和控制风险。

①固有风险指在考虑相关内部控制前,某类交易、账户余额或披露的某一认定易于发生错报的可能性。例如,复杂的计算比简单的计算更可能出错;受重大计量不确定性影响的会计估计发生错报的可能性较大。

②控制风险指某类交易、账户余额或披露的某一认定发生错报,该错报单独或连同其他错报是重大的,但没有被内部控制及时防止或发现并纠正的可能性。控制风险取决于与财务报表编制有关的内部控制的设计和运行的有效性。由于控制的固有局限性,在某种程度而言,控制风险始终存在。

2. 检查风险

检查风险主要指注册会计师未能发现错报的可能性,该类风险取决于审计程序设计的合理性和执行的有效性。注册会计师设计和执行的程序越有效,检查风险越低。但由于注册会计师通常不对所有的交易、账户余额和披露进行检查,检查风险不可能降低为零。注册会计师应当合理设计审计程序的性质、时间安排和范围,并有效执行审计程序,以控制检查风险。

3. 重大错报风险与检查风险的关系

在特定的审计风险水平下,重大错报风险与检查风险成反向关系。注册会计师只能评估而不能控制重大错报风险,通过对重大错报风险的评估而控制检查风险。评估的重大错报风险越高,可接受的检查风险越低;评估的重大错报风险越低,可接受的检查风险越高。

二、审计风险评估

审计风险评估主要包括评估财务报表层次和认定层次的重大错报风险、需要特别考虑的重大错报风险两方面。也就是说,包含评估风险和特别风险两部分。

1. 评估重大错报风险考虑的因素

表6-1 评估重大错报风险考虑的因素

已识别的风险是什么?	
财务报表层次	(1) 源于薄弱的被审计单位整体层面内部控制; (2) 与财务报表整体广泛相关的特别风险; (3) 与管理层凌驾和舞弊相关的风险因素; (4) 管理层愿意接受的风险,如小企业因缺乏职责分离导致的风险
认定层次	(1) 与准确性、完整性、存在或计价相关的特定风险:收入、费用和其他交易;账户余额;财务报表披露 (2) 可能产生多重错报的风险
相关内部控制程序	(1) 特别风险; (2) 用于预防、发现或减轻已识别风险的恰当设计并执行的内部控制程序; (3) 仅通过执行控制测试应对的风险
错报可能发生的规模有多大?	
财务报表层次	什么事项可能导致财务报表重大错报? 考虑管理层凌驾、舞弊、未预期事件和以往经验
认定层次	考虑: (1) 交易、账户余额或披露的固有性质; (2) 日常和例外事件; (3) 以往经验
事件发生的可能性有多大?	
财务报表层次	考虑: (1) 来自高层的基调; (2) 管理层风险管理的办法; (3) 采用的政策和程序; (4) 以往经验

续表

已识别的风险是什么？	
认定层次	考虑： （1）相关的内部控制活动； （2）以往经验
相关内部控制程序	识别对于降低事件发生可能性非常关键的管理层风险应对要素

2. 评估重大错报风险的审计程序

（1）在了解被审计单位及其环境的过程中，结合对财务报表中各类交易、账户余额和披露的考虑，识别风险。

（2）结合对拟测试相关控制的考虑，将识别出的风险与认定层次可能发生错报的领域相联系。

（3）评估识别出的风险，并评价其是否更广泛地与财务报表整体相关，进而影响多项认定。

（4）考虑发生错报的可能性及潜在错报的重大程度是否足以导致重大错报。

3. 识别两个层次的重大错报风险

4. 控制环境对评估财务报表层次重大错报风险的影响

5. 控制对评估认定层次重大错报风险的影响

6. 考虑财务报表的可审计性

7. 需要特别考虑的重大错报风险

特别风险指注册会计师识别和评估的、根据职业判断认为需要特别考虑的重大错报风险。在确定某些风险是否为特别风险时，注册会计师通常需要考虑：风险是否属于舞弊风险；风险是否与近期经济环境、会计处理方法或其他方面重大变化相关而需要特别关注；交易的复杂程度；风险是否涉及重大关联方交易；会计信息计量的主观程度；风险是否涉及异常或超出正常经营的重大交易。

第七章

货币资金审计

第一节 货币资金审计的目的

货币资金是企业资产的重要组成部分，是企业流动性最强的资产，其主要来源包括股东投入、债权人借款及企业经营所得等。根据货币资金不同的存放地点和用途，可将其分为库存现金、银行存款和其他货币资金。

其中，库存现金包括人民币现金和外币现金；银行存款指企业存放在银行或其他金融机构的货币资金；其他货币资金包括企业到外地进行临时或零星采购而汇往采购地银行开立采购专户的款项所形成的外埠存款、企业为取得银行汇票按照规定存入银行的款项所形成的银行汇票存款、企业为取得银行本票按照规定存入银行的款项而形成的银行本票存款、信用卡存款和信用保证金存款等。

一般而言，货币资金的审计目标有以下几点：
（1）确定被审计单位资产负债表的货币资金是否确实存在；
（2）确定被审计单位在特定期间内发生的货币资金的收支记录是否完整；
（3）确定货币资金是否为被审计单位拥有或控制；
（4）确定库存现金、银行存款及其他货币资金的余额是否正确；
（5）确定货币资金在会计报表上的披露是否恰当。

第二节 货币资金内控制度测试

如果在评估认定层次重大错报风险时预期控制运行是有效的，或仅实施实质性程序不能提供认定层次充分、适当的审计证据，注册会计师应当实施控制测试以获取与认定相关的控制在审计期间运行有效性的充分、适当的审计证据。常见的货币资金内部控制及相应内部控制测试程序如下：

（1）了解货币资金的内部控制。审计人员可以根据实际情况采用不同的方法实现对货币资金内部控制的了解。一般而言，审计人员可以采用编制流程图的方法。编制货币资金内部控制流程图是货币资金符合性测试的重要步骤。审计人员在编制之前应当通过询问、观察等手段收集必要的资料，然后根据所了解的情况编制流程图。对中小企业，也可采用编写货币资金内部控制说明的方法。若年度审计工作底稿中已有以前年度的流程图，审计人员可根据调查结果加以修正，以供本年度审计之用。一般而言，了解货币资金内部控制时，审计人员应当注意检查货币资金内部控制是否建立并严格执行。

(2) 抽取并检查收款凭证。如果货币资金收款内部控制不强，很可能会发生贪污舞弊或挪用等情况。例如，在一个小企业中，出纳员同时登记应收账款明细账，很可能发生循环挪用的情况。为测试货币资金收款的内部控制，审计人员应选取适当样本的收款凭证，进行如下检查：

①核对收款凭证与存入银行账户的日期和金额是否相符；
②核对货币资金、银行存款日记账的收入金额是否正确；
③核对收款凭证与银行对账单是否相符；
④核对收款凭证与应收账款明细账的有关记录是否相符；
⑤核对实收金额与销货发票等相关凭据是否一致等。

(3) 抽取并检查付款凭证。为测试货币资金付款内部控制，审计人员应选取适当样本的货币资金付款凭证，进行以下检查：

①检查付款的授权审批手续是否符合规定；
②核对货币资金、银行存款日记账的付出金额是否正确；
③核对付款凭证与银行对账单是否相符；
④核对付款凭证与应付账款等相关明细账的记录是否一致；
⑤核对实付金额与购货发票等相关凭据是否相符等。

(4) 抽取一定期间的现金、银行存款日记账和总账核对。首先，审计人员应抽取一定期间的现金、银行存款日记账，检查其有无计算错误，加总是否正确无误。如果检查中发现问题较多，说明被审计单位货币资金的会计记录不够可靠。其次，审计人员应根据日记账提供的线索，核对总账等有关账户的记录。

(5) 抽取一定期间银行存款余额调节表，查验其是否按月正确编制并经复核。为证实银行存款记录的正确性，审计人员必须抽取一定期间的银行存款余额调节表，将其同银行对账单、银行存款日记账及总账进行核对，确定被审计单位是否按月正确编制并复核银行存款余额调节表。

(6) 检查外币资金的折算方法是否符合有关规定，是否与上年度一致。对于有外币货币资金、外币银行存款的被审计单位，审计人员应检查外币资金日记账、外币银行存款日记账及"财务费用""在建工程"等账户的记录，确定企业有关外币资金、外币银行存款的增减变动是否按业务发生时的市场汇率或业务发生当期期初的市场汇率折合为记账本位币，选用方法是否前后保持一致；检查企业的外币货币资金、银行存款账户的余额是否按期末市场汇率折合为记账本位币金额，有关汇兑损益的计算和记录是否完整。

(7) 评价货币资金的内部控制。审计人员在完成上述程序之后，即可对货币资金的内部控制进行评价。评价时，审计人员应首先确定货币资金内部控制可信赖程度及存在的薄弱环节和缺点；然后据以确定在货币资金实质性测试中对哪些环节可以适当减少审计程序，哪些环节应增加审计程序，做重点检查，以减少审计风险。

第三节 货币资金审计工作底稿

货币资金审计工作底稿包括货币资金控制测试工作底稿和货币资金实质性测试工作底稿两类。

一、货币资金控制测试工作底稿

货币资金控制测试工作底稿包括货币资金控制测试程序表（表7-1）、现金和银行存款收支凭证内控测试记录表（略）等。

表7-1　货币资金控制测试程序表

被审计单位：　　　　　　　　　　　　　　　索引号：
项目：　　　　　　　　　　　　　　　　　　截止日：
编制：　　　　　　　　　　　　　　　　　　复核：
日期：　　　　　　　　　　　　　　　　　　日期：

常规测试程序	是否执行	索引号	样本的主要内容及测试情况说明
1. 检查货币资金内部控制制度是否建立并严格执行： （1）款项的收支是否按规定的程序和权限办理； （2）是否存在与本单位经营无关的款项收支情况； （3）是否存在出租、出借银行账户的情况； （4）出纳与会计的职责是否严格分离； （5）货币资金和有价证券是否妥善保管，是否定期盘点、核对； （6）拨付所属资金、公司拨入资金的核算内容是否与内部往来混淆			
2. 抽取收款凭证： （1）核对收款凭证与存入银行账户解款单的日期和金额是否相符； （2）核对现金、银行存款日记账的收入金额是否正确； （3）核对收款凭证与银行对账单是否相符； （4）核对收款凭证与应收账款明细账的有关记录是否相符； （5）核对实收金额与销售发票是否一致			

续表

常规测试程序	是否执行	索引号	样本的主要内容及测试情况说明
3. 抽取付款凭证： （1）检查付款的授权批准手续是否符合规定； （2）核对现金、银行存款日记账的付出金额是否正确； （3）核对付款凭证与银行对账单是否相符； （4）核对付款凭证与应付账款明细账的记录是否一致； （5）核对实付金额与购货发票是否相符			
4. 抽取一定期间的现金日记账、银行存款日记账与总账核对是否一致			
5. 抽取一定期间的银行存款日记账与银行对账单核对是否一致			
6. 抽取一定期间的银行存款余额调节表，查验其是否按月正确编制并经复核			
7. 长期未达账项是否追查原因并及时处理			
8. 检查外币资金的折算方法是否符合有关规定，是否与上年度一致			
测试结论： 经控制测试，内部控制执行良好			

二、货币资金实质性测试工作底稿

货币资金实质性测试工作底稿包括货币资金实质性程序表、货币资金审定表、货币资金明细表、库存现金监盘表、银行存单检查表、银行存款（其他货币资金）余额调节表汇总、对银行存款余额调节表的检查、银行存款询证函、银行存款询证结果汇总表、凭证交易检查情况表等。

1. 货币资金实质性程序表

表7-2 货币资金实质性程序表

被审计单位:		索引号:
项目:		截止日:
编制:		复核:
日期:		日期:

一、需从实质性程序获取的保证程度

项目	财务报表认定				
	存在	完整性	权利和义务	计价和分摊	列报
1. 审计目标	A	B	C	D	E
2. 需从实质性程序获取的保证程度	✓	✓	✓	✓	✓

注：根据财务报表项目的重要性、评估的各认定的重大错报风险及控制测试（如有）的结果填写

二、实质性程序

审计目标	可供选择的实质性程序	是否选择	索引号
D	1. 获取或编制货币资金（包括现金、银行存款、其他货币资金）余额明细表： (1) 分别复核加计是否正确，并分别与总账金额、日记账合计数核对是否相符，总计数与财务报表核对是否相符 (2) 检查非记账本位币的折算汇率及折算金额是否正确	✓	
A	2. 实施库存现金监盘程序： (1) 制订监盘计划，确定监盘时间 (2) 将盘点金额与现金日记账余额进行核对。如有差异应查明原因，提请被审计单位调整，如无法查明原因，应要求被审计单位按管理权限批准后做出调整 (3) 在非资产负债表日进行盘点时，应调整至资产负债表日的金额 (4) 若有冲抵库存现金的借条、未提现支票、未作报销的原始凭证，需在盘点表中注明。如有必要应提请被审计单位做出调整，特别关注数家公司混用现金保险箱的情况	✓	

续表

AC	3. 编制银行存单检查表，检查银行存单与账面记录金额是否一致，是否被质押或限制使用，存单是否为被审计单位所拥有 （1）对已质押的定期存款，检查质押合同，关注相应的质押借款有无入账 （2）对为质押的定期存款，应检查开户证书原件 （3）对审计外勤工作结束日前已提取的定期存款，应核对相应的兑付凭证和银行对账单	√	
ABCD	4. 获取并检查银行存款、其他货币资金银行对账单及余额调节表： （1）获取资产负债表日银行对账单，并与账面余额核对，关注银行对账单账户名是否为被审计单位 （2）获取资产负债表日银行存款（其他货币资金）余额调节表，检查调节表中加计数是否正确，调节后银行存款日记账余额与银行对账单余额是否一致 （3）复核余额调节表的调节事项性质和范围是否合理 （4）检查是否存在未入账的利息收入和利息支出 （5）检查是否存在其他跨期收支事项 （6）当未经授权或授权不清支付货币资金的现象比较突出时，检查银行存款余额调节表中支付给异常的领款人（包括没有载明收款人）、签字不全、收款地址不清、金额较大的调整事项	√	
ACD	5. 实施货币资金函证程序，编制银行函证结果汇总表，检查银行回函： （1）向开户银行函证（范围为被审计单位本期存过款的开户银行，包括零账户和账户已结清的银行），向承办银行汇票、本票等其他货币资金业务的银行函证。函证内容包括资产负债表日银行对账单余额是否正确，是否有质押、冻结等对变现有限制或存放在境外或有潜在回收风险的款项 （2）确定被审计单位账面余额与银行函证结果的差异，对不符事项作出适当处理	√	
BA	6. 检查货币资金（包括库存现金、银行存款、其他货币资金）收支的截止是否正确。选取资产负债表日前后适量样本（××张、××金额以上的凭证）实施截止测试，关注业务内容及对应项目。如有跨期收支事项，考虑提请被审计单位调整	√	

续表

ABC	7. 抽查大额货币资金（包括库存现金、银行存款、其他货币资金）收支的原始凭证： （1）检查原始凭证是否齐全、记账凭证与原始凭证是否相符、账务处理是否正确、是否记录于恰当的会计期间等内容 （2）检查是否存在非营业目的的大额货币资金转移，并核对相关账户的进账情况。如有与被审计单位生产经营无关的收支事项，应查明原因并做相应记录	✓	
	8. 针对评估的舞弊风险等因素增加的审计程序。例如： （1）对现金进行突击监盘 （2）从可能存在舞弊风险的银行账户（包括已注销的账户）对账单中选取重大收支金额，追查至被审计单位银行存款日记账，检查是否准确记录		
E	9. 检查货币资金是否按照企业会计准则的规定恰当列报	✓	

2. 货币资金审定表

表7-3 货币资金审定表

被审计单位：　　　　　　　　　　　　　　　　　索引号：
项目：　　　　　　　　　　　　　　　　　　　　截止日：
编制：　　　　　　　　　　　　　　　　　　　　复核：
日期：　　　　　　　　　　　　　　　　　　　　日期：

股东名称	期末未审数	账项调整		重分类调整		期末审定数	上期末审定数	索引号
		借方	贷方	借方	贷方			
库存现金	8,898					8,898	7,647	G1-3 G1-4
银行存款	23,243,531					23,243,531	21,551,581	G1-3
其他货币资金								

续表

股东名称	期末未审数	账项调整		重分类调整		期末审定数	上期末审定数	索引号
		借方	贷方	借方	贷方			
合计	23,252,429					23,252,429	21,559,228	
审计结论： 余额可以确认，通过审计程序未见异常								

3. 货币资金明细表

表7-4　货币资金明细表

被审计单位：　　　　　　　　　　　　　　　索引号：
项目：　　　　　　　　　　　　　　　　　　截止日：
编制：　　　　　　　　　　　　　　　　　　复核：
日期：　　　　　　　　　　　　　　　　　　日期：

项目	账号	币种	期末未审数			备注
			原币金额	汇率	折合本位币	
现金		人民币	8,898		8,898	
小计			8,898		8,898	
银行存款						
建设银行××支行						
交通银行××支行						
小计						
其他货币资金						
小计						
合计						
注：对存在质押、冻结等变现限制或存在境外的款项在"备注"中予以说明						
审计说明：						

4. 库存现金监盘表

表7-5 库存现金监盘表

被审计单位：　　　　　　　　　　　　　　　　　　　　　索引号：
项目：　　　　　　　　　　　　　　　　　　　　　　　　截止日：
编制：　　　　　　　　　　　　　　　　　　　　　　　　复核：
日期：　　　　　　　　　　　　　　　　　　　　　　　　日期：

检查盘点记录		项次	人民币	美元	某外币	实有库存现金盘点记录						
						面额	人民币		美元		某外币	
							张	金额	张	金额	张	金额
上一日账面库存余额		①										
监盘日发生传票收入金额		②										
监盘日发生传票支出金额		③										
监盘日账面应有金额		④=①+②-③										
盘点实有现金数额		⑤										
盘点日应有实有差异		⑥=④-⑤										
差异原因分析	白条抵库											
	调整至资产负债表日（报表日）	报表日至监盘日现金付出总额										
		报表日至监盘日现金收入总额										
		报表日现金账面余额										
		报表日账面金额										
		报表日余额折合本位币金额										
本位币合计												

出纳员：　　　　　　会计主管人员：　　　　监盘人：　　　　检查日期：

审计说明：现金盘点在未提前通知的情况下，于××年×月×日进行，盘点结果账实相符

5. 银行存单检查表

表 7-6　银行存单检查表

被审计单位：　　　　　　　　　　　　　　　　　　索引号：
项目：　　　　　　　　　　　　　　　　　　　　　　截止日：
编制：　　　　　　　　　　　　　　　　　　　　　　复核：
日期：　　　　　　　　　　　　　　　　　　　　　　日期：

开户银行	账号	币种	户名	存入日期	到期日	期末存单余额	期末账面余额	备注

注：备注栏可填写是否被用于质押等担保情形，是否存在其他使用限制等情况

审计说明：

6. 银行存款（其他货币资金）余额调节表汇总

表7-7 银行存款(其他货币资金)余额调节表汇总

被审计单位：　　　　　　　　　　　　　　　　　　　　索引号：
项目：　　　　　　　　　　　　　　　　　　　　　　　截止日：
编制：　　　　　　　　　　　　　　　　　　　　　　　复核：
日期：　　　　　　　　　　　　　　　　　　　　　　　日期：

开户行	账号	银行日记账原币余额(原币数)	银行已收，企业未入账金额	银行已付，企业未入账金额	调整后银行日记账余额	银行对账单余额(原币)	企业已收，银行未入账金额	企业已付，银行未入账金额	调整后银行对账单余额	调整后是否相符
		①	②	③	④=①+②-③	⑤	⑥	⑦	⑧=⑤+⑥-⑦	
建设银行××支行											
交通银行××支行											

编制说明：
1. 若账面余额(原币数)与银行对账单金额不一致，应另行检查银行存款余额调节表；
2. 银行存款、其他货币资金审计时均可使用该表

审计说明：

7. 对银行存款余额调节表的检查

表 7-8　对银行存款余额调节表的检查

被审计单位：　　　　　　　　　　　　　　　　　索引号：
项目：　　　　　　　　　　　　　　　　　　　　截止日：
编制：　　　　　　　　　　　　　　　　　　　　复核：
日期：　　　　　　　　　　　　　　　　　　　　日期：

开户银行：交通银行××支行 银行账号：××6798　　币种：人民币			
项目	金额	调节项目说明	是否需要提请被审计单位调整
银行对账单余额	8,938,766		
加：企业已收，银行尚未入账合计金额			
其中：1.			
2.			
减：企业已付，银行尚未入账合计金额	200,000		
其中：1.	200,000		
2.			
调整后银行对账单余额	8,738,766		
企业银行存款日记账余额	8,738,766		
加：银行已收，企业尚未入账合计金额			
其中：1.			
2.			
减：银行已付，企业尚未入账合计金额			
其中：1.			
2.			
调整后企业银行存款日记账余额	8,738,766		
审计说明： 为时间性差异，不需要提请被审计单位调整			

8. 银行存款询证函

银行存款询证函

建设银行××支行：

  本公司聘请的××会计师事务所有限责任公司正在对本公司2019年度财务报表进行审计，按照中国注册会计师审计准则的要求，应当询证本公司与贵行相关信息。下列信息出自本公司记录，如与贵行记录相符，请在本函下端"信息证明无误"处签章证明；如有不符，请在"信息不符"处列明不符项目及具体内容；如存在与本公司有关的未列入本函的其他主要信息，请在"信息不符"处列出其详细资料。回函请直接寄至××会计师事务所有限责任公司。

  回函地址：　　　　　　邮编：
  电话：　　　　　　　　传真：　　　　　　联系人：

  截至2019年12月31日止，本公司银行存款、借款账户余额等列示如下：
  1. 银行存款

账户名称	银行账号	币种	利率	余额	起止日期	是否被抵押或质押或其他限制	备注
一般存款账户	××3456	人民币	0.36%	14,504,765	活期	否	

  除上述列示的银行存款外，本公司并无在贵行的其他存款。
  注："起止日期"一栏仅适用于定期存款，如为活期或保证金存款，可只填写"活期"或"保证金"字样。

  2. 银行借款

账户名称	币种	本息余额	借款日期	还款日期	利率	借款条件	抵（质）押品/担保人	备注

  除上述列示的银行存款外，本公司并无在贵行的其他借款。
  注：此函仅函证至资产负债表日本公司尚未归还的借款。

  3. 截至函证日之前12个月内注销的账户

账户名称	银行账号	币种	注销账户日

除上述列示的账户外，本公司并无截至函证日之前 12 个月内在贵行注销的其他账户。

4. 委托存款

账户名称	银行账号	借款方	币种	利率	余额	存款起止日期	备注

5. 委托贷款

账户名称	银行账号	资金使用方	币种	利率	余额	贷款起止日期	备注

6. 担保

（1）本公司为其他单位提供的、以贵行为担保受益人的担保。

被担保人	担保方式	担保金额	担保期限	担保事由	担保合同编号	被担保人与贵行就担保事项往来的内容（贷款等）	备注

除上述列示的担保外，本公司无其他以贵行为担保受益人的担保。
注：如才有抵押或质押方式提供担保的，应在备注中说明抵押或质押情况。

（2）贵行向本公司提供的担保。

被担保人	担保方式	担保金额	担保期限	担保事由	担保合同编号	备注

除上述列示的担保外，本公司并无贵行提供的其他担保。

7. 本公司为出票人且由贵行承兑而尚未支付的银行承兑汇票

银行承兑汇票号码	票面金额	出票日	到期日

除上述列示的银行承兑汇票外,本公司并无由贵行承兑而尚未支付的其他银行承兑汇票。

8. 本公司向贵行已贴现而尚未到期的商业汇票

商业汇票号码	付款人名称	承兑人名称	票面金额	票面利率	出票日	到期日	贴现日	贴现率	贴现净额

除上述列示的商业汇票外,本公司并无向贵行已贴现而尚未到期的其他商业汇票。

9. 本公司为持票人且由贵行托收的商业汇票

商业汇票号码	承兑人名称	票面金额	出票日	到期日

除上述列示的商业汇票外,本公司并无由贵行托收的其他商业汇票。

10. 本公司为申请人、由贵行开具的未履行完毕的不可撤销信用证

信用证号码	受益人	信用证金额	到期日	未使用金额

除上述列示的不可撤销信用证外,本公司并无由贵行开具未履行完毕的其他不可撤销的信用证。

11. 本公司与贵行之间未履行完毕的外汇买卖合同

类别	合约号码	买卖币种	未履行之合约买卖金额	汇率	交收日期

除上述列示的外汇买卖合约外,本公司并无与贵行未履行完毕的其他外汇买卖合约。

12. 本公司存放于贵行的有价证券或其他产权文件

有价证券或其他产权文件名称	产权文件编号	数量	金额

除上述列示的有价证券或其他产权文件外，本公司并无存放贵行的其他价证券或其他产权文件。

13. 其他重大事项

不适用

注：此项应填列注册会计师认为重大且应予函证的其他事项，如信托存款等，如无则应填写"不适用"。

（被审计单位盖章）
年 月 日
经办人：

------------------------以下仅供被审计单位使用------------------------

1. 信息证明无误。	2. 信息不符，请列明不符项目及具体内容（对于在本函前述第 1 项至第 13 项中漏列的其他重要信息，请列出详细资料）。
（银行盖章） 年 月 日 经办人：	（银行盖章） 年 月 日 经办人：

9. 银行存款询证结果汇总表

表7-9 银行存款询证结果汇总表

被审计单位： 索引号：
项目： 截止日：
编制： 复核：
日期： 日期：

开户银行	账号	币种	函证情况					冻结、质押等事项说明	备注
			函证金额	函证日期	回函日期	回函金额	金额差异		
建设银行××支行	×12	人民币	14,504,765	2018-2-19	2018-2-25	14,504,765			
交通银行××支行	×67	人民币	8,738,766	2018-2-19	2018-2-26	8,938,766	200,000		
审计说明：差异原因详见银行存款余额调节表									

10. 货币资金凭证交易检查情况表

表7-10 货币资金凭证交易检查情况表

被审计单位： 索引号：
项目： 截止日：
编制： 复核：
日期： 日期：

日期		凭证编号	业务内容	对应科目	金额		核对内容						备注
月	日				借方	贷方	1	2	3	4	5	6	
3	31	记-104	归还借支	个人	5,000		√	√	√		√		
7	30	记-74	报销运费	销售费用		56,496	√	√	√	√	√		
5	18	记-62	银行承兑汇票兑现	应收票据	150,000		√	√	√	√	√		
3	3	记-12	付2017年股东红利	应付股利		5,689,814	√	√	√	√	√		
12	28	记-111	付第四季度奖金	应付职工薪酬		392,500	√	√	√	√			

续表

日期		凭证编号	业务内容	对应科目	金额		核对内容						备注
月	日				借方	贷方	1	2	3	4	5	6	

核对内容说明:
1. 原始凭证合法有效,内容正确完整
2. 有授权批准且适当
3. 账务处理正确
4. 与生产经营有关
5. 与银行对账单相符
6. 归属于本期

审计说明:
抽查未发现异常 (✓)

调整可确认 ( )

第四节 货币资金审计案例

一、与收入有关的案例

审计人员审查江北公司库存现金时,经过盘点,发现账户为贷余 360 元,实际库存 2360 元。经询问,会计人员解释,有 1 笔 3390 元的现金收入,因为对方不需要开设增值税发票,公司为了节省 13% 的税款,因此未做账。

审计人员应当如何发表审计意见?如何编制调整分录?

审计意见:

第一步,调整账务。应当反映收入,编制调整分录如下

借:库存现金　　3390 元
　　贷:以前年度损益调整　　3000
　　　　应交税费——应交增值税(销项税额)　　390

第二步,确认库存现金账存数

－360 + 3390 = 3030 元

第三步,确认现金短缺或溢余数

3030 － 2360 = 670 元(短缺)

责成被审计单位继续提供证据,直到账实相符,以便归因与调账。

二、与费用有关的案例

审查熊鹏公司库存现金时,经过盘点,实际库存 350 元,而账存 5350 元。经询问,会计人员解释,有 1 笔 5000 元的办公设备维护费现金支出,因为对方未开来增值税发票,公司未做账。

审计人员应当如何发表审计意见?如何编制调整分录?

审计意见:

首先,调整账务。应当反映支出,编制调整分录如下

借:以前年度损益调整(预付账款——XX)　　5000 元
　　贷:库存现金　　5000

借方科目的选用,如果跨年度,采用以前年度损益调整,并催收发票,待发票到后再做调整;若年度内,使用预付账款,等待并催收发票,待发票到后再做调整。

第二步,确认库存现金账存数

5350 − 5000 = 350 元

第三步,确认现金短缺或溢余数

350 = 350　账实相符。

第八章

存货审计

第一节 存货审计的目的

存货指企业在日常活动中持有以备出售的产成品或商品、处在生产过程中的在产品、在生产过程或提供劳务过程中耗用的材料和物料等。存货核算包括材料采购或在途物资、原材料、材料成本差异、库存商品、发出商品、商品进销差价、委托加工物资、委托代销商品、受托代销商品、周转材料、生产成本、制造费用、劳务成本、存货跌价准备、受托代销商品款等核算科目。

存货审计不仅对生产制造业、批发业和零售行业十分重要,对于服务业亦如此。通常而言,存货的重大错报对于流动资产、营运资本、总资产、销售成本、毛利及净利润都会产生直接影响。存货的重大错报对于其他某些项目,如利润分配和所得税,也具有间接影响。审计中许多复杂和重大问题都与存货有关。存货、产品生产和销售成本构成会计、审计乃至企业管理中最为普遍、重要和复杂的问题,故注册会计师应对存货审计格外关注。

对存货进行审计,需要达到以下审计目标:
(1) 确定存货是否存在并归被审计单位所有;
(2) 确定存货增减变动的记录是否完整;
(3) 确定存货的品质状况、存货跌价准备的计提是否合理;
(4) 确定存货的计价方法是否恰当;
(5) 确定存货期末余额是否正确;
(6) 确定存货在财务报表上的披露是否恰当。

第二节 存货内控制度测试

存货内部控制测试指测试控制执行的有效性,如果注册会计师拟将内控可信赖程度评为"高",则需运用控制测试获取有力证据来加以证明。具体测试过程见表 8-1。

表 8-1　存货内控制度测试程序表

被审计单位：　　　　　　　　　　　　　　　　　索引号：
项目：　　　　　　　　　　　　　　　　　　　　截止日：
编制：　　　　　　　　　　　　　　　　　　　　复核：
日期：　　　　　　　　　　　　　　　　　　　　日期：

常规测试程序	是否执行	索引号	样本的主要内容及测试情况说明
1. 存货相关的内部控制制度的符合性测试： （1）大额的存货采购是否签订购货合同，有无审批制度 （2）存货的入库是否严格履行验收手续，对名称、规格、型号、数量、质量和价格等是否逐项核对，并及时入账 （3）存货的发出手续是否按规定办理，是否及时登记仓库账并与会计记录核对 （4）存货的采购、验收、保管、运输、付款等职责是否严格分离 （5）存货的分拣、堆放、仓储等是否严格分离 （6）代保管、暂存物资的仓库记录是否单列，清晰可分 （7）是否建立定期盘点制度，发生的盘盈、盘亏、毁损、报废是否及时按规定审批处理 注：符合性测试的基本要求： （1）测试内容应根据该项业务相关内部控制的关键控制点设置 （2）测试结论为对该项业务相关内部控制制度执行情况做出评价，应明确其是否可以信赖，并说明对实质性测试的影响 测试结论： 　　存货内部控制得到有效执行。			
2. 生产成本相关内部控制制度的符合性测试： （1）是否建立成本核算与管理制度，成本开支范围是否符合有关规定 （2）成本核算制度是否适合被审计单位的生产特点，是否严格执行，有无随意更改 （3）各成本项目的核算，制造费用的归集和分配，产品成本的结转是否严格按规定办理，前后期是否一致 （4）是否定期盘点在产品，并作为在产品成本的分配依据 测试结论： 　　生产成本相关内部控制得到有效执行。			

续表

常规测试程序	是否执行	索引号	样本的主要内容及测试情况说明
3. 直接材料成本测试： (1) 采用实际成本的，获取成本计算单、材料成本分配汇总表、材料发出汇总表、材料明细账中各直接材料的单位成本等资料 (2) 检查成本计算单中直接材料成本与材料成本分配汇总表中相关的直接材料成本是否相符，分配的标准是否合理 (3) 抽取材料发出汇总表中若干直接材料的发出总量，将其与实际单位成本相乘，并与材料成本分配汇总表中该种材料成本比较，注意领料单是否经过授权批准，材料发出汇总表是否经过复核，材料单位成本计价方法是否恰当，有无变更 (4) 采用定额成本的，抽查某种产品的生产通知单或产量统计记录及其直接材料单位消耗定额，根据材料明细账中各该项直接材料的实际单位成本，计算直接材料总消耗和总成本，与有关成本计算单中耗用直接材料成本核对，注意生产通知单是否经过授权批准，单位消耗定额和材料成本计价方法是否恰当、有无变更 (5) 采用标准成本的，抽取生产通知单或产量统计记录、直接材料单位标准用量、直接材料标准单价及发出材料汇总表 (6) 根据产量、直接材料单位标准用量及标准单价计算的标准成本，与成本计算单中的直接材料成本核对是否相符 (7) 直接材料成本差异的计算及其会计处理是否正确，前后期是否一致，有无利用材料成本差异调节材料成本 测试结论： 　　直接材料核算符合会计准则及会计制度的规定，会计处理中授权明确，没有发现违背内部控制情况。			
4. 制造费用测试： (1) 在制造费用分配汇总表中，选择一种或若干种产品，核对其分摊的制造费用与相应的成本计算单的制造费用是否相符 (2) 核对制造费用分配汇总表中的合计数与相关的制造费用明细账是否相符 (3) 制造费用分配汇总表选择的分配标准（机器工时数、直接人工工资、直接人工工时数、产量等）与相关的统计报告或原始记录是否相符，并对费用分配标准的合理性做出评价			

续表

常规测试程序	是否执行	索引号	样本的主要内容及测试情况说明
注：（1）如企业采用预计费用分配率分配制造费用，则应针对制造费用分配过多过少的差额，检查其是否做了适当的账务处理 （2）如果企业采用标准成本法，则应检查标准制造费用的确定是否合理，计入成本计算单的数额是否正确，制造费用差异的计算与账务处理是否正确，在年度内有无重大变更 测试结论： 　　制造费用的核算符合会计准则及会计制度的规定。			
5. 对生产成本在当年完工产品和在产品之间的分配进行检查： （1）成本计算单中在产品数量与生产统计报告或在产品盘存表中的数量是否一致 （2）在产品约当量计算或其他分配标准是否合理 测试结论： 　　生产成本在完工产品和在产品间的分配合理。			
6. 产品销售成本计价方法是否符合财务会计制度的规定，是否发生重大变更，如果采用计划成本、定额成本、标准成本，计算产品销售成本时所分配的各项成本差异和会计处理是否正确 测试结论： 　　产品销售成本计价方法符合财务会计制度的规定。			

第三节　存货审计工作底稿

　　存货审计工作底稿包括存货实质性程序表、存货审定表、主要存货明细表、存货借方（入库）截止测试、存货贷方（出库）截止测试、存货监盘结果汇总表、存货明细账与盘点报告（记录）核对表、存货抽盘核对表、询证函、存货计价测试表、存货跌价准备测试表、委托加工物资检查表、产品生产成本计算测试表、制造费用明细表及生产成本凭证检查情况表、原材料凭证检查情况表等。

1. 存货实质性程序表

表8-2 存货实质性程序表

被审计单位： 索引号：
项目： 截止日：
编制： 复核：
日期： 日期：

一、需从实质性程序获取的保证程度

项目	财务报表认定				
	存在	完整性	权利和义务	计价和分摊	列报
1. 审计目标	A	B	C	D	E
2. 需从实质性程序获取的保证程度	√	√	√	√	√

注：根据财务报表项目的重要性、评估的各认定的重大错报风险及控制测试（如有）的结果填写

二、实质性程序

审计目标	可供选择的实质性程序	是否选择	索引号
D	1. 获取或编制存货（包括构成存货列表项目的各类存货及对应的存货跌价准备）明细表，分别复核加计是否正确，并与总账数、明细账核对是否相符，存货总计数与报表数核对是否相符		
ABD	2. 实施存货监盘程序： （1）取得被审计单位存货盘点计划，了解并询问盘点范围、方法、人员分工及时间安排等，在存货盘点计划问卷等工作底稿中记录和评价 （2）在被审计单位盘点存货前，确定应纳入盘点范围的存货是否已经适当整理和排列，并附有盘点标识；对未纳入盘点范围的存货，应当查明未纳入的原因 （3）对所有权不属于被审计单位的存货，应当取得其规格、数量等有关资料，并确定这些存货是否已分别存放、标明，且未被纳入盘点范围 （4）观察被审计单位盘点人员是否遵守盘点计划并准确记录存货的数量和状况 （5）选取代表性样本，抽查（存在实物形态的）各类存货明细账的数量与盘点记录的数量是否一致，以确定账面存货的存在和完		

续表

ABD	整性： ①从各类存货明细账中选取具有代表性的样本，与盘点报告（记录）核对 ②从盘点报告（记录）中抽取有代表性的样本，与各类存货明细账的数量核对 （6）监盘后复核监盘结果，编制存货监盘报告 3. 实施实质性分析程序： （1）基于对被审计单位及其环境的了解，通过进行以下比较，同时考虑有关数据间关系的影响，以建立用于分析程序的期望值： ①按品种分析重要存货项目各月单位成本的变动趋势 ②分析重要存货项目各月份材料成本差异率的变动趋势 ③根据被审计单位现有生产能力，分析本期产量与生产能力匹配关系 ④计算本期主要产品的直接材料、直接人工、制造费用占生产成本的比例，分析本期及较上年同期的变化趋势 （2）确定可接受的差异额 （3）将实际情况与期望值相比较，识别需要进一步调查的差异 （4）如果其差额超过可接受的差异额，调查并获取充分的解释和恰当的佐证审计证据（如通过检查相关凭证） （5）评估分析程序的测试结果	
D	4. 实施存货计价方法的测试： （1）检查被审计单位存货的计价方法是否符合企业会计准则的规定，前后期是否一致 （2）检查存货的入账基础和计价方法是否正确，自存货明细表中选取适量样本（按品种）： ①以实际成本计价时，将其单位成本与购货发票核对，并确认存货成本中不包含增值税 ②以计划成本计价时，将其单位成本与材料成本差异明细账及购货发票核对，核对入库存货的材料成本差异金额是否正确，同时关注被审计单位计划成本制定的合理性 ③检查进口存货的外币折算是否正确，检查相关的关税、增值税及消费税的会计处理是否正确 （3）检查存货发出计价的方法是否正确： ①以实际成本计价的，复核发出存货的金额计算是否正确；若以计划成本计价的，复核发出存货应负担的材料成本差异是否正确 ②编制本期发出材料汇总表，与相关科目勾稽核对，并复核月发出材料汇总表是否正确 （4）结合存货监盘，检查期末有无货到单未到的情况。如有，应查明是否已暂估入账，其暂估价是否合理	

续表

D	5. 实施生产成本计算的测试： （1）了解被审计单位的生产工艺流程和成本核算方法，检查成本核算方法与生产工艺流程是否匹配，前后期是否一致并作出记录 （2）抽查成本计算单，检查直接材料、直接人工及制造费用的计算和分配是否正确，并与有关作证文件（如领料记录、生产工时记录、材料费用分配汇总表、人工费用分配汇总表等）相核对： ①获取并复核生产成本明细汇总表的正确性，将直接材料与材料耗用汇总表、直接人工与职工薪酬分配表、制造费用总额与制造费用明细表及相关账项的明细表核对，并作交叉索引 ②检查车间在产品盘存资料，与成本核算资料核对；检查车间月末余料是否办理假退料手续 ③获取直接材料、直接人工和制造费用的分配标准和计算方法，评价其是否合理和适当，以确认在产品中所含直接材料、直接人工和制造费用是合理的 （3）获取完工产品与在产品的生产成本分配标准和计算方法，检查生产成本在完工产品与在产品之间及完工产品间的分配是否正确，分配标准和方法是否适当，与前期比较是否存在重大变化，该变化是否合理 （4）关注废品损失和停工损失（包括季节性停工损失）的核算是否符合有关规定 （5）关注是否存在符合借款费用资本化条件的存货项目，若有，结合对长短期借款、长期应付款的审计，检查借款费用资本化金额及会计处理是否正确		
BA	6. 实施存货的截止测试： （1）借方（入库）的截止测试： ①在资产负债表日前后存货明细账借方发生额中各选取适量样本（××张、××金额以上的凭证），与入库记录（如入库单、购货发票或运输单据）核对，以确定存货入库被记录在正确的会计期间。 ②在资产负债表日前后的入库记录（如入库单、购货发票或运输单据）中各选取适量样本（××张、××金额以上的凭证），与存货明细账的借方发生额进行核对，以确定存货入库被记录在正确的会计期间。 ③存货成本的截止测试：在资产负债表日前后的制造费用明细账借方发生额中各选取适量样本（天金额以上的凭证），确定有无跨期现象。 （2）贷方（出库）的截止测试： ①在资产负债表日前后存货明细账贷方发生额中各选取适量样本（××张、××金额以上的凭证），与出库记录（如出库单、销货		

续表

BA	发票或运输单据）核对，以确定存货出库被记录在正确的会计期间。 ②在资产负债表日前后的出库记录（如出库单、销货发票或运输单据）中各选取适量样本（××张、××金额以上的凭证），与存货明细账的贷方发生额进行核对，以确定存货出库被记录在正确的会计期间		
ACD	7. 检查材料采购或在途物资： （1）对大额材料采购或在途物资，追查至相关的购货合同及购货发票，复核采购成本的正确性，并抽查期后入库情况，必要时发函询证 （2）检查期末材料采购或在途物资，核对有关凭证，查看是否存在不属于材料采购（在途物资）核算的交易或事项 （3）检查月末转入原材料等科目的会计处理是否正确		
ACD	8. 检查发出商品： （1）检查与发出商品有关的合同、协议和凭证，分析交易实质，检查其会计处理是否正确；必要时，向接受商品单位函证 （2）检查发出商品退回的会计处理是否正确		
ACD	9. 委托加工物资：抽查份委托加工合同，检查有关发料凭证、加工费、运费结算凭证，关注所有权归属，核对成本计算是否正确，会计处理是否正确。必要时，向受托加工单位函证		
ABCD	10. 检查周转材料： （1）检查周转材料的转销或摊销方法是否符合企业会计准则的规定，前后期是否一致 （2）检查周转材料（低值易耗品）与固定资产的划分是否符合规定 （3）是否存在出租、出借包装物和收取包装押金的情况。若有，检查相关的会计处理是否正确		
CE	11. 结合长短期借款等科目，了解是否存在用于债务担保的存货。如有，则应取证并做相应记录，同时提请被审计单位恰当披露		
D	12. 检查分析存货是否存在减值迹象，以判断被审计单位计提存货跌价准备的合理性： （1）将存货余额与现有的订单、资产负债表日后各期的销售额和下一年度的预测销售额进行比较，以评估存货滞销和跌价的可能性 （2）比较当年度及以前年度存货跌价准备占存货余额的比例，并查明异常情况的原因		

续表

		（3）结合存货监盘，观察存货的外观形态，以了解其物理形态是否正常；检查期末结存库存商品和在产品，对型号陈旧、产量下降、生产成本或售价波动、技术或市场需求变化情形，结合期后销售情况考虑是否需进一步计提跌价准备		
D		13. 检查存货可变现净值计算是否合理、计提的存货跌价准备是否适当： （1）根据成本与可变现净值孰低的计价方法，评价存货跌价准备所依据的资料、假设及计提方法，考虑是否有确凿证据为基础计算确定存货的可变现净值，检查计提存货跌价准备的合理性，关注前后期计提方法是否一致 （2）考虑不同存货的可变现净值的确定原则，复核可变现净值计算的正确性（即充足但不过度）： ①对于用于生产而持有的原材料，检查是否以所生产的产成品的估计售价减去至完工时估计将要发生的成本、估计的销售费用和相关税费后的金额作为其可变现净值的确定基础 ②对于库存商品和用于出售而持有的原材料等存货，检查是否以该存货的估计售价减去估计的销售费用和相关税费后的金额作为其可变现净值的确定基础 ③对于为执行销售合同而持有的库存商品等存货，检查是否以合同价格作为其可变现净值的确定基础；如果被审计单位持有库存商品的数量多于销售合同订购数量，超出部分的库存商品可变现净值是否以一般销售价格作为可变现净值的确定基础 （3）抽查计提存货跌价准备的项目，其资产负债表日后售价是否低于账面价值		
		14. 针对评估的舞弊风险等因素增加的审计程序。例如： （1）在不预告通知被审计单位的情况下，突击监盘或抽查存货，必要时，利用专家的工作 ……		
E		15. 检查存货是否按照企业会计准则的规定恰当列报		

2. 存货审定表

表 8-3 存货审定表

被审计单位： 索引号：
项目： 截止日：
编制： 复核：
日期： 日期：

存货项目	期末未审数	账项调整		重分类调整		期末审定数	上期末审定数	索引号
		借方	贷方	借方	贷方			
一、存货账面余额								
原材料								
库存商品								
在产品								
合计								
二、存货跌价准备								
原材料								
库存商品								
在产品								
合计								
三、存货账面价值								
原材料								
库存商品								
在产品								
合计								
审计结论：								

3. 主要存货明细表

表8-4 主要存货明细表

被审计单位：　　　　　　　　　　　　　　　　索引号：
项　　目：　　　　　　　　　　　　　　　　　　截止日：
编　　制：　　　　　　　　　　　　　　　　　　复　核：
日　　期：　　　　　　　　　　　　　　　　　　日　期：

类别	名称及规格	计量单位	数量	单价	金额	备注
	合计					

编制说明：
本表是对"存货审定表"中"期末未审数"栏按数量金额格式的进一步列示

审计说明：

4. 存货借方（入库）截止测试

表8-5 存货借方(入库)截止测试表

被审计单位:　　　　　　　　　　　　　　　　　　　索引号:
项目:　　　　　　　　　　　　　　　　　　　　　　截止日:
编制:　　　　　　　　　　　　　　　　　　　　　　复核:
日期:　　　　　　　　　　　　　　　　　　　　　　日期:

一、从存货明细账的借方发生额中抽取样本与入库记录核对,以确定存货入库被记录在正确的会计期间

序号	摘要	明细账凭证			入库单(购货发票)			是否跨期
		编号	日期	金额	编号	日期	金额	
1								
…								

截止日期:××年×月×日

截止日前

| 1 | | | | | | | | 否 |
| … | | | | | | | | |

截止日后

续表

二、从存货入库记录中抽取样本与明细账的借方发生额核对,以确定存货入库被记录在正确的会计期间

序号	摘要	明细账凭证			入库单(购货发票)			是否跨期
		编号	日期	金额	编号	日期	金额	
1								否
⋯								
截止日期:××年×月×日 截止日前								
截止日后								
1								否
⋯								

编制说明:
本表适用于材料采购、在途物资、原材料、在产品、库存商品等。

审计说明:

5. 存货贷方（出库）截止测试（若编制了凭证检查表，则不用编制此表）

表8-6 存货贷方（出库）截止测试

被审计单位：　　　　　　　　　　　　　　　　　索引号：
项目：　　　　　　　　　　　　　　　　　　　　截止日：
编制：　　　　　　　　　　　　　　　　　　　　复核：
日期：　　　　　　　　　　　　　　　　　　　　日期：

一、从存货明细账的贷方发生额中抽取样本与出库记录核对，以确定存货出库被记录在正确的会计期间

序号	摘要	明细账凭证			入库单（购货发票）			是否跨期
		编号	日期	金额	编号	日期	金额	否
1								
...								

截止日前
截止日期：××年×月×日
截止日后

序号	摘要	明细账凭证			入库单（购货发票）			是否跨期
1								否
...								

二、从存货出库记录中抽取样本与明细账的贷方发生额核对，以确定存货出库被记录在正确的会计期间

序号	摘要	明细账凭证			入库单（购货发票）			是否跨期
		编号	日期	金额	编号	日期	金额	否
1								
...								

截止日前
截止日期：××年×月×日
截止日后

续表

1								否
…								

编制说明：
　　本表适用于材料采购、在途物资、原材料、在产品、库存商品等。

审计说明：

6. 存货监盘结果汇总表

表8-7　存货监盘结果汇总表

被审计单位：　　　　　　　　　　　　　　　　　　　　索引号：
项目：　　　　　　　　　　　　　　　　　　　　　　　截止日：
编制：　　　　　　　　　　　　　　　　　　　　　　　复核：
日期：　　　　　　　　　　　　　　　　　　　　　　　日期：

存货类别	存货名称	单位	监盘数量	未经确认盘点报告数量	差异数量	差异原因	索引号	盘点报告数量

监盘人员签名：

编制说明：
　　本表适用于监盘日（盘点日）为财务报表截止日的情况。

审计说明：

7. 存货明细账与盘点报告（记录）核对表

审计

表8-8 存货明细账与盘点报告（记录）核对表
（适用于监盘日为资产负债表日）

被审计单位：　　　　　　　　　　　　　　　　　　　　索引号：
项目：　　　　　　　　　　　　　　　　　　　　　　　　截止日：
编制：　　　　　　　　　　　　　　　　　　　　　　　　复核：
日期：　　　　　　　　　　　　　　　　　　　　　　　　日期：

一、从明细账中选取具有代表性的样本将明细账上的存货数量与经确认盘点报告的数量核对

序号	地点	样本描述		期末存货明细账记录			获取的被审计单位的存货清单		经确认的期末存货盘点表	数量差异④=①-②或②-③	差异分析及处理
		存货类别	存货型号	单价	数量①	金额	数量②	索引号	数量③		
1											
…											

二、从经确认的盘点报告中选取具有代表性的样本将本将盘点报告的数量与存货明细账核对

序号	地点	样本描述		期末存货明细账记录			获取的被审计单位的存货清单		经确认的期末存货盘点表	数量差异④=①-②或②-③	差异分析及处理
		存货类别	存货型号	单价	数量①	金额	数量②	索引号	数量③		
1											
…											

审计说明：

8. 存货抽盘核对表

表8-9 存货抽盘核对表
（适用于监盘日不是资产负债表日）

被审计单位：　　　　　　　　　　　　　　　索引号：
项目：　　　　　　　　　　　　　　　　　　截止日：
编制：　　　　　　　　　　　　　　　　　　复核：
日期：　　　　　　　　　　　　　　　　　　日期：

序号	品名及规格	单位	抽盘日实存数量	加：抽盘日至资产负债表日入库数量	减：抽盘日至资产负债表日发出数量	资产负债表日实存数量	资产负债表日账面数量	差异	原因分析
一、资产负债表日前抽查核对表									
1									
…									
二、资产负债表日后抽查核对表									
1									
…									
审计说明：									

9. 询证函

询证函
（适用于委托代管存货、发出商品）

××公司：

　　本公司聘请的×××会计师事务所有限责任公司正在对本公司2018年度财务报表进行审计。按照中国注册会计师审计准则的要求，应当询证截至2018年12月31日由贵公司持有、代本公司加工、销售或保管的存货的详细资料。下列数据出自本公司账簿记录，如与贵公司记录相符，请在本函下端"信息证明无误"处签章证明；如有不符，请在"信息不符，请列明不符项目及具体内容"处列明不符情况。回函请直接寄至×××会计师事务所有限责任公司。

　　回函地址：　　　　　　　邮编：
　　电话：　　　　　　　　　传真：　　　　　　　联系人：

截至 2018 年 12 月 31 日由贵公司持有、代本公司加工、销售或保管的存货列示如下：

类别	品名	数量	是否有留置权	状况	备注
1. 代加工存货					
2. 代销售存货					
3. 代保管存货					

本函仅为复核账目之用，请及时函复为盼。

（被审计单位盖章）

年 月 日

------------------------以下仅供被询证单位使用------------------------

结论：

1. 信息证明无误。	2. 信息不符，请列明不符项目及具体内容。
（被询证单位盖章） 年 月 日 经办人：	（被询证单位盖章） 年 月 日 经办人：

10. 存货计价测试表

表 8-10　存货计价测试表

被审计单位：　　　　　　　　　　　　　　　　　索引号：

项目：　　　　　　　　　　　　　　　　　　　　截止日：

编制：　　　　　　　　　　　　　　　　　　　　复核：

日期：　　　　　　　　　　　　　　　　　　　　日期：

品名及规格：									
月份	增加			减少（计价方法：先进先出）			结存		
	数量	单价	金额	数量	单价	金额	数量	单价	金额
期初数									
合计									

注：本表适用于原材料、库存商品、发出商品等。

审计说明：

11. 存货跌价准备测试表

表 8-11　存货跌价准备测试表

被审计单位：　　　　　　　　　　　　　　　　　索引号：
项目：　　　　　　　　　　　　　　　　　　　　截止日：
编制：　　　　　　　　　　　　　　　　　　　　复核：
日期：　　　　　　　　　　　　　　　　　　　　日期：

序号	存货明细项目	存货期末账面余额①	期末可变现净值②	期末应计提跌价准备（①>②）③=①-②	存货跌价准备账面金额④	本期应补提存货跌价准备⑤=③-④
1						
…						
合计						
审计说明：						

12. 委托加工物资检查表

表 8-12　委托加工物资检查表

被审计单位：　　　　　　　　　　　　　　　　　索引号：
项目：　　　　　　　　　　　　　　　　　　　　截止日：
编制：　　　　　　　　　　　　　　　　　　　　复核：
日期：　　　　　　　　　　　　　　　　　　　　日期：

加工单位名称	合同或协议号	发出时间	发出材料成本	加工费	收回材料成本	未收回原因及是否需函证	索引号
审计说明：							

13. 产品生产成本计算测试表

表 8-13 产品生产成本计算测试表

被审计单位:　　　　　　　　　　　　　　　　　索引号:
项目:　　　　　　　　　　　　　　　　　　　　截止日:
编制:　　　　　　　　　　　　　　　　　　　　复核:
日期:　　　　　　　　　　　　　　　　　　　　日期:

月份	投产数量（单位:）	成本项目				完工转出（成本结转方法:先进先出）			在产品余额
		直接材料	直接人工	制造费用	合计	数量	单位成本	总成本	
期初余额									
1									
…									
12									
1-12月合计									
占总成本比例									
上年同期发生额									
增减比例									
审计说明:									

14. 制造费用明细表及生产成本凭证检查情况表

表 8-14 制造费用明细表

被审计单位:　　　　　　　　　　　　　　　　　索引号:
项目:　　　　　　　　　　　　　　　　　　　　截止日:
编制:　　　　　　　　　　　　　　　　　　　　复核:
日期:　　　　　　　　　　　　　　　　　　　　日期:

月份	制造费用明细项目						
	合计	运费	办公费	修理费	劳务费	工资	…
1							
2							

续表

月份	制造费用明细项目						
	合计	运费	办公费	修理费	劳务费	工资	…
…							
上年同期							
变动额							
变动比例							
审计说明：							

15. 生产成本凭证检查情况表

表 8-15 生产成本凭证检查情况表

被审计单位：　　　　　　　　　　　　　　　索引号：
项目：　　　　　　　　　　　　　　　　　　截止日：
编制：　　　　　　　　　　　　　　　　　　复核：
日期：　　　　　　　　　　　　　　　　　　日期：

日期		凭证编号	业务内容	对应科目	金额		核对内容					备注
月	日				借方	贷方	1	2	3	4	5	
核对内容说明：							审计说明：					

16. 原材料凭证检查情况表

表 8-16 原材料凭证检查情况表

被审计单位：　　　　　　　　　　　　　　　索引号：
项目：　　　　　　　　　　　　　　　　　　截止日：
编制：　　　　　　　　　　　　　　　　　　复核：
日期：　　　　　　　　　　　　　　　　　　日期：

日期		凭证编号	业务内容	对应科目	金额		核对内容					备注
月	日				借方	贷方	1	2	3	4	5	

续表

日期		凭证编号	业务内容	对应科目	金额		核对内容					备注
月	日				借方	贷方	1	2	3	4	5	
核对内容说明:							审计说明:					

第四节 存货审计案例

一、材料费用审计案例

(一) 审计人员在审查江南公司上年度 (2019 年) 生产业务时, 发现材料费用的记录如下:

"原材料"期初借余 50 万元, 2000 吨;"材料成本差异"期初贷余 6000 元。

2019 年实际采购原材料 18000 吨, 采购成本 460 万元, 全部入库且全部用于生产业务。期末, 原材料实际库存 3000 吨,"原材料"账户借余 75 万元,"材料成本差异"账户期末贷余 1500 元。

试对上述材料成本业务发表审计意见, 并计算应当调整的金额。若该公司 2019 年年末没有在产品, 也没有库存商品, 所得税率 25%, 不考虑其他影响因素, 则会计调整分录如何编制?

核实:

2019 年材料入库计划成本　　450 万元

产生超支差异, 实际成本超过计划成本 10 万元 (460 万元 - 450 万元)。

期末库存材料 3000 吨, 计划成本 75 万元, 正确!

材料成本差异分配率:

$(-6000 + 100000) / (50 万元 + 450 万元) = 1.88\%$

库存材料应当承担的差异:

75 万元 × 1.88% = 14100 元。

(发出材料应承担 425 万元 × 1.88% = 79900 元)

也就是说,"材料成本差异"账户期末余额应当是: 借余 14100 元。

需要调整的差异为: 14100 元 + 1500 元 = 15600 元。

即调增"材料成本差异"15600 元, 生产成本调减 15600 元。

借: 材料成本差异　　15600 元

贷：以前年度损益调整　　　15600 元

同时，调整所得税，15600×25% = 3900（元）

借：以前年度损益调整　　　3900 元

贷：应交税费——所得税　　　3900 元

（二）审计人员在审查艾辰公司上年度（2019 年）生产业务时，发现有关材料费用的发生额和余额记录如下：

"原材料"账户年初借余 12 万元，库存 6000 公斤；"材料成本差异"年初借余 5500 元。

2019 年实际采购原材料 44000 公斤，采购成本 85 万元，全部入库且仅用于生产业务。期末，原材料账户反映库存 20 吨，"原材料"账户借余 40 万元，"材料成本差异"账户期末贷余 12000 元。

经过审计人员现场盘点，实际库存 15 吨，短缺 5 吨。经核对，缺少的 5 吨为年末已经售出，发票已经开出且符合收入确认条件，但款项未收到的销售业务，会计人员漏掉了成本结转业务。

若该公司 2019 年当年投产的产品已经全部完工且售出，审计前公司确认利润总额 600 万元且按照所得税率 25% 确认了所得税费用 150 万元，试对上述材料业务发表审计意见，并编制必要的会计调整分录。

审计确认过程

（1）"原材料"账户

期末实际库存 15 吨，按照计划单价（120000/6000 = 20 元/公斤），应当保留的余额为：

15000 公斤 * 20 元/公斤 = 30（万元）

审计前借余 40 万元。因此，需要调减 10 万元（贷记转出）。

即调减原材料账户，记入 2019 年损益。

（2）"材料成本差异"账户

差异率的计算过程

年初借余 5500，本期实际发生节约差异 30000 元（850000 元 - 44000 公斤 * 20 元/公斤）。

差异率（5500 - 30000）/（120000 + 880000）= - 2.45%

- 2.45% * 300000 元 = - 7350 元

即："材料成本差异"账户年末应当保留贷方余额 7350 元。因此，需要调出 4650 元（12000 - 7350）。

用于生产的，通过"生产成本"账户承接，完工后入"库存商品"，售出后再通过期末账项处理转入"主营业务成本"，记入当期损益。

用于直接销售的，通过"其他业务成本"账户，记入当期损益。

根据既定条件得知，2019 年材料减少的业务，最终都记入了当期损益，因此，需要调出的差异额，可以直接记入 2019 年损益

（3）综合上述（1）（2）的审计意见，调整分录的编制为

借：材料成本差异　　　4650
　　以前年度损益调整　　95350
　　贷：原材料　　　100000

（4）调整所得税费用

95350元*25% = 23837.50元

由于此次审计调整未涉及利润或亏损的性质发生变化，只是数量的同方向变动，因此，可以直接将所得税费用调整的数据全部记入。

借：应交税费——所得税　　23837.50
　　贷：以前年度损益调整　　23837.50

二、工资费用审计案例

（一）审计人员在审查万象公司上年度（2019年）生产成本业务时，发现有关工资费用的业务记录存疑：

1. 2019年3月，新录入生产线工人1批，以现金开支安家费6500元，公司会计记录为：

借：生产成本——XX产品（工资）　　6500
　　贷：应付职工薪酬　　6500

2. 2019年6月，补发生产线工人五一节加班费78000元，公司会计记录为：

借：管理费用——职工福利　　78000元
　　贷：应付职工薪酬　　78000元

3. 2019年7月，销售给客户产品，以现金付生产线工人代为装卸搬运劳务费3000元，公司会计记录为：

借：生产成本——XX产品（工资）　　3000元
　　贷：应付职工薪酬　　3000元

试分别就上述业务发表审计意见，指出正确的会计处理方法及会计核算科目。

审计意见：

1. 安家费不应该记入成本。发生安家费时，应当直接记入当期费用，一般使用"管理费用"科目核算。

2. 生产线工人为生产产品而产生的加班工资，依然需要进入成本，使用"生产成本"科目核算。

3. 销售过程中产生的费用，不论费用的支付对象是谁，均应当按照费用性质归类，通过"销售费用"科目核算。

（二）审计人员在审查空空公司上年度（2019年）生产成本业务时，发现该年有关工资费用处理存在不当之处

1. 全年不应记入成本的工资费用150万元，其中120万元部分，已经通过完工产品进入库存商品，且其中的80%已经售出并结转了主营业务成本。

2. 全年漏记应入生产成本的工资费用 40 万元（误计入当期管理费用 30 万元和销售费用 10 万元），其中 25 万元部分，仍应在生产环节；7 万元部分，仍应在库存商品状态；其余部分应当通过完工产品成本渠道转入主营业务成本。

3. 公司 2019 年实现利润 400 万元且按照 25% 的税率计算了所得税费用 100 万元。

试对上述业务发表审计意见，并编制必要的会计调整分录。

审计意见：

1. 不应记入成本的工资费用，应当费用化，但由于进入成本的工资费用，后续的核算，根据状态，依次分别通过"生产成本"转入"库存商品"再转入"主营业务成本"。此笔业务涉及的 150 万元，最终进入当期损益的部分为 96 万元（120 万元 * 80%），不必调整账务，只需要在涉及成本的相关报表上进行调整即可。不应计入成本部分，应当进入当期损益的部分，分别从"库存商品"24 万元（120 万元 * 20%）和"生产成本"30 万元转出，进入当期损益。

简化的说法：对于 150 万元，已经通过账务追溯到其中的 96 万元（120 万元 * 80%）进入了当期损益，只需要调整未转出的部分即可。

结论：调增"以前年度损益调整"54 万元，调减"生产成本"30 万元，调减"库存商品"24 万元。

分录：

借：以前年度损益调整　　54 万元
　　贷：库存商品　　24 万元
　　　　生产成本　　30 万元

2. 漏记的 40 万元，应当补记入。但由于其中的 8 万元（40 万元 – 25 万元 – 7 万元），可以依次分别通过"生产成本"转入"库存商品"再转入"主营业务成本"，最终依然进入了当期损益，所以，这部分不必进行账项调整，只需要在涉及成本的相关报表上进行调整即可。

结论：调减"以前年度损益调整"32 万元，调增"生产成本"25 万元，调增"库存商品"7 万元。

分录：

借：库存商品　　25 万元
　　生产成本　　7 万元
　　贷：以前年度损益调整　　32 万元

3. 调整所得税费用

(32 万元 – 54 万元) * 25% = –5.5 万元

借：应交税费——所得税　　5.5 万元
　　贷：以前年度损益调整　　5.5 万元

三、制造费用审计案例

(一) 审计人员在审查万象公司上年度（2019年）制造费用业务时，对以下业务处理存疑：

1. 2019年2月，以现金支票开支设备安装费3500元，公司会计记录为：
   借：生产成本——XX产品（制造费用）   3500
     贷：库存现金   3500
2. 2019年8月，补发机修工人中秋节加班费1200元，公司会计记录为：
   借：管理费用——职工福利   1200元
     贷：库存现金   1200元
3. 2019年12月，以现金付生产线工人劳保费4200元，公司会计记录为：
   借：营业外支出   4200元
     贷：库存现金   4200元

试分别就上述业务发表审计意见，指出正确的会计处理方法及会计核算科目。

审计意见：

1. 设备安装费不应该记入成本。发生设备安装费时，应当资本化，一般使用"在建工程"科目核算。同时，现金支票的核算账户是"银行存款"，应当纠正差错。
2. 机修工人中秋节加班费，属于为生产间接服务的费用性质，依然需要进入成本，使用"制造费用"科目核算。
3. 生产线工人劳保费，依然属于为生产间接服务的费用性质，应当按照费用性质归类，通过"制造费用"科目核算。

(二) 审计人员在审查空空公司上年度（2019年）生产成本业务时，发现该年有关制造费用处理存在不当之处

1. 全年不应记入成本的制造费用90万元，其中80万元部分，已经通过完工产品进入库存商品，且其中的80%已经售出并结转了主营业务成本。
2. 全年漏记应入生产成本的折旧费用18万元（误计入当期管理费用12万元和销售费用6万元），其中10万元部分，仍应在生产环节；5万元部分，仍应在库存商品状态；其余部分应当通过完工产品成本渠道转入主营业务成本。
3. 公司2019年实现利润200万元且按照25%的税率计算了所得税费用50万元。

试对上述业务发表审计意见，并编制必要的会计调整分录。

审计意见：

1. 不应记入成本的制造费用，应当费用化，但由于进入成本的制造费用，后续的核算，根据状态，依次分别通过"生产成本"转入"库存商品"再转入"主营业务成本"。此笔业务涉及的90万元，最终进入当期损益的部分为64万元（80万元*80%），不必调整账务，只需要在涉及成本的相关报表上进行调整即可。不应计入成本部分，应当进入当期损益的部分，分别从"库存商品"16万元（80万元*20%）和"生产成本"10万元转出，进入当期损益。

简化的说法：对于 90 万元，已经通过账务追溯到其中的 64 万元（80 万元 * 80%）进入了当期损益，只需要调整未转出的部分即可。

结论：调增"以前年度损益调整"26 万元，调减"生产成本"10 万元，调减"库存商品"16 万元。

分录：

借：以前年度损益调整　　26 万元
　　贷：库存商品　　16 万元
　　　　生产成本　　10 万元

2. 漏记的 18 万元，应当补记入。但由于其中的 3 万元（18 万元 – 10 万元 – 5 万元），可以依次分别通过"生产成本"转入"库存商品"再转入"主营业务成本"，最终依然进入了当期损益，所以，这部分不必进行账项调整，只需要在涉及成本的相关报表上进行调整即可。

（全过程思考：以当时的环境分析和纠正

第一笔纠正的分录

借：制造费用　　18 万元
　　贷：管理费用　　12 万元
　　　　销售费用　　6 万元

第二笔（当个会计期末，分配制造费用）

借：生产成本　　18 万元
　　贷：制造费用　　18 万元

第三笔，分配结转完工产品成本

借：库存商品　　8 万元
　　贷：生产成本　　8 万元

第四笔，结转已销商品成本

借：主营业务成本　　3 万元
　　贷：库存商品　　3 万元

合并 4 笔分录，结果：制造费用，为 0；管理费用、销售费用、主营业务成本合并为当期损益，抵消后，贷方增加 15 万元；生产成本，抵消后，借方增加 10 万元；库存商品，抵消后，借方增加 5 万元。）

结论：调减"以前年度损益调整"15 万元，调增"生产成本"10 万元，调增"库存商品"5 万元。

分录：

借：库存商品　　5 万元
　　生产成本　　10 万元
　　贷：以前年度损益调整　　15 万元

3. 调整所得税费用

（15 万元 – 26 万元）* 25% = – 2.75 万元

借：应交税费——所得税   2.75 万元
　　贷：以前年度损益调整   2.75 万元

四、库存商品审计案例

（一）审计人员在审查南康公司上年度（2019 年）库存商品业务时，对以下业务处理存疑：

1. 全年不应记入生产成本的新产品开发费 60 万元，已经全部通过完工产品进入库存商品，其中的 50% 已经售出并结转了主营业务成本。

2. 全年漏记应入生产成本的折旧费用 10 万元（误计入当期管理费用），应由产品承担，但该批产品仍在库。

3. 年初，"存货跌价准备——库存商品"有贷方余额 20 万元。年末，对库存商品进行减值测试，发现增值 36 万元，公司会计处理为：

借：存货跌价准备——库存商品   56 万元
　　贷：资产减值损失   56 万元

4. 公司 2019 年实现利润 600 万元且按照 25% 的税率计算了所得税费用 150 万元。

试对上述业务发表审计意见，并编制必要的会计调整分录。

审计意见：

1. 不应记入成本的新产品开发费 60 万元，应当费用化，但由于进入成本之后，后续的核算，根据状态，依次分别通过"生产成本"转入"库存商品"再转入"主营业务成本"。此笔业务涉及的 60 万元，最终进入当期损益的部分为 30 万元（60 万元 * 50%），不必调整账务，只需要在相关报表上进行调整即可。不应计入成本部分，应当进入当期损益的部分，分别从"库存商品" 16 万元（80 万元 * 20%）和"生产成本" 10 万元转出，进入当期损益。

简化的说法：对于 60 万元，已经通过账务追溯到其中的 30 万元（60 万元 * 50%）进入了当期损益，只需要调整未转出的部分即可。

结论：调增"以前年度损益调整" 30 万元，调减"库存商品" 30 万元。

分录：

借：以前年度损益调整   30 万元
　　贷：库存商品   30 万元

2. 漏记的 10 万元，应当补记入。

借：库存商品   10 万元
　　贷：以前年度损益调整   10 万元

3. 非长期资产的减值准备，待减值测试后可以转回，但转回金额不得超过已提金额，即该减值账户不得出现借方余额。因此，此处只能转回 20 万元，需要调回多转的 36 万元。

借：以前年度损益调整   36 万元

贷：存货跌价准备——库存商品　　36万元

4. 综合上述业务，实际调增"以前年度损益调整"账户56万元（30－10＋36），由此，影响所得税56万元＊25％＝14万元

借：应交税费——所得税　　14万元

贷：以前年度损益调整　　14万元

（二）审计人员在审查南康公司上年度（2019年）库存商品业务时，对以下业务处理存疑：

1. "库存商品"12月初库存1200件，@5.00，借余6000元。12月完工入库3800件，@6.20，借方发生额23560元。月末实际库存1000件，@5.00，借余5000元。公司对发出存货成本采用加权平均法核算。

2. 发出商品，成本9万元，不符合收入确认条件，但公司按照10万元市场价（不含税，税率13％，款未收）确认收入和债权，并结转了主营业务成本。

3. 年初，"存货跌价准备——库存商品"有贷方余额12万元。年末，对库存商品进行减值测试，发现增值18万元，公司会计处理为：

借：存货跌价准备——库存商品　　18万元

贷：资产减值损失　　18万元

4. 公司2019年实现利润300万元且按照25％的税率计算了所得税费用75万元。试对上述业务发表审计意见，并编制必要的会计调整分录。

（三）审计意见

1. 加权平均单价

（6000＋23560）／（1200＋3800）＝5.912

发出商品应承担成本4000＊5.912＝23648（元）

库存应承担1000＊5.912＝5912（元）

应转回成本　　912元

调整分录

借：库存商品　　912元

贷：以前年度损益调整　　912元

2. 不符合收入确认条件，应当转回

（1）转回收入与冲销债权

借：以前年度损益调整　　10万元

　　应交税费——增（销）　　1.3万元

贷：应收账款　　11.3万元

（2）转回成本，进入发出商品状态

借：发出商品　　9万元

贷：以前年度损益调整　　9万元

3. 非长期资产的减值准备，待减值测试后可以转回，但转回金额不得超过已提金额，即该减值账户不得出现借方余额。因此，此处只能转回12万元，需要调回多

转的 6 万元。

借：以前年度损益调整　　6 万元
　　贷：存货跌价准备——库存商品　　6 万元

4. 综合上述业务，实际调增"以前年度损益调整"账户 69088 元（912 + 100000 - 90000 + 60000），由此，影响所得税 69088 * 25% = 17272 元

借：应交税费——所得税　　17272
　　贷：以前年度损益调整　　17272

五、周转材料审计案例

（一）审计人员在审查南康公司上年度（2019 年）周转材料业务时，对以下业务处理存疑：

1. 12 月 1 日，生产领用包装材料 3 万元，构成产品实体，会计账务处理直接计入了销售费用。截止到年末，该批产品仍在库。

2. 10 月 1 日出租包装物，合同约定租期 3 个月，每月 15 日收取租金 5000 元（不含税，税率 6%）；该批包装物成本 3000 元，拟在租期内平均摊销。10、11 两个月准时收到款项，均作了收入与费用的账务，但客户表明 12 月的款项待 1 月中旬才能汇出，因此，公司未进行收入与费用的会计处理。

3. 年初，"周转材料——包装物"借余 2 万元，"材料成本差异——包装物"借方余额 2400 元。2019 年全年入库包装物计划成本 18 万元，实际产生节约差异 7400 元。年末，"周转材料——包装物"借余 3 万元，"材料成本差异——包装物"借方余额 1000 元。全年发出包装物（未包括上述的业务），60% 的部分均已进入当期损益，30% 的部分以库存商品状态存在，10% 仍在生产环节。

4. 公司 2019 年实现利润 180 万元且按照 25% 的税率计算了所得税费用 45 万元。试对上述业务发表审计意见，并编制必要的会计调整分录。

（二）审计意见

1. 应当进入生产成本和构成库存商品成本。调整分录

借：库存商品　　3 万元
　　贷：以前年度损益调整　　3 万元

2. 应当按照权责发生制原则，于 12 月份确认收入并摊销成本

（1）借：应收账款——XX　　5300
　　　　贷：以前年度损益调整　　5000
　　　　　　应交税费——增（销）　　300

（2）借：以前年度损益调整　　1000
　　　　贷：周转材料——包装物　　1000

3. 调整分配差异

（1）差异率 =（2400 - 7400）/（20000 + 180000）= -2.5%

年末库存"周转材料——包装物"应承担的差异（30000 - 1000）*（-2.5%）

= −725

应当转回 1725 元，入贷方。

（2）差异分配

第一步：调整前包装物的流向（共发出 17 万元）

当期损益　17 万元 * 60% = 10.2 万元

库存商品 17 万元 * 30% = 5.1 万元

生产成本 17 万元 * 10% = 1.7 万元

第二步：调整后，实际发出 17.1 万元

当期损益 10.2 万元 − 3 万元 + 0.1 万元 = 7.3 万元

库存商品 5.1 万元 + 3 万元 = 8.1 万元

生产成本　　　　　　1.7 万元

第三步：按照比例调整实际应分配

比例：1725/171000 = 1.01%

当期损益　　　736

库存商品　　　817

生产成本　　　172

合计　　　　　1725

调整分录：

借：以前年度损益调整　　　736

　　库存商品　　817

　　生产成本　　172

　　贷：材料成本差异——包装物　　1725

4. 综合上述业务，实际调整"以前年度损益调整"账户，贷 33264 元（−30000 − 5000 + 1000 + 736），由此，影响所得税 33264 * 25% = 8316 元

借：以前年度损益调整　　8316

　　贷：应交税费——所得税　　8316

第九章

固定资产与在建工程审计

第一节 固定资产与在建工程审计的目的

固定资产科目用来核算企业为生产商品、提供劳务、出租或经营管理而持有的，使用年限超过一个会计年度的有形资产。固定资产折旧则指在固定资产的使用寿命内，按照正确的方法对应计折旧额进行系统分摊。由于固定资产在企业资产总额中通常占有较大比重，固定资产的真实、完整对企业的生产经营影响极大，所以，审计人员应对固定资产审计给予高度重视。

一般而言，固定资产的审计目标有：

（1）确定固定资产是否存在且归被审计单位所有或控制；

（2）确定固定资产的计价方法是否正确，折旧政策是否合规、合法，折旧方法是否前后一致；

（3）确定固定资产、累计折旧、在建工程、固定资产清理的增减变动记录是否完整，损益处理是否合规；

（4）确定固定资产年末余额是否正确，且已在资产负债表上做出反映。

在建工程是指尚未交付使用的固定资产建筑工程和安装工程，包括自营工程、出包工程、设备安装工程。在建工程审计要点是审查工程完工结转工程实际成本的情况。审查确认工程报废和毁损、试运转业务、工程借款费用核算和缴纳固定资产投资方向调节税的合法性，查明乱挤或记错工程成本及相关账户的情况，审查确证工程成本结转和借款费用资本化的截止日的正确性。

（1）确定在建工程是否真实存在，且为被审计单位实际拥有；

（2）确定在建工程的增减变动记录是否完整，核算内容是否正确、合规，有无挤占或漏记在建工程成本的行为；

（3）审查已完工程是否及时办理交付使用手续，竣工决算是否正确；

（4）审查被审计单位资本性支出和收益性支出的正确划分和会计处理；

（5）在建工程年末余额是否正确，在会计报表上反映是否恰当。

第二节 固定资产与在建工程内控制度测试

常见的固定资产内部控制制度测试程序如下：

（1）了解和描述固定资产相关的内部控制，收集和审阅与固定资产有关的资料、文件。结合实地观察并采用适当的方法加以描述。

（2）验证固定资产的新增手续。验证固定资产的各种手续是否齐全。审批文件上授权签章是否符合制度规定的级别。核对明细账记录与有关部门提供清单是否一致；固定资产取得成本是否与预算相符，有无重大差异。

（3）验证固定资产的减少业务。索取固定资产报废、出售、对外投资、调出等文件，检查这些文件上的各种审批手续是否齐全，同时，抽查固定资产利用记录。确定报废、出售、调出以及对外投资的适当性。

（4）抽验固定资产验收报告。索取固定资产验收报告，验证其验收部门是否确属独立的部门，验收报告填写的内容是否全面，必要时，抽实物加以核对。

（5）检查固定资产账、卡的设置情况。检查固定资产管理部门、使用部门有无明细账和卡片，是否一物一卡。随时登记增减变动并定期与财会部门的账簿记录相核对。

常见的在建工程内部控制制度测试程序如下：

（1）评审被审计单位在建工程内部控制制度是否健全有效，注意评价其在建工程是否经恰当授权审批，有无严格的工程预算，完工工程交付使用是否办理竣工结算手续，资本性支出和收益性支出是否严格划分等。通过评价，确定其内部控制的可信赖程度，为下一步审计指明方向。

（2）检查在建工程项目的实存性。审计人员可以到现场实地观察、了解工程项目的实际完工进度，查看未安装设备是否实际存在，以验证账实是否相符。

（3）审查在建工程成本支出的真实性、合理性。审计人员应注意各项成本支出是否与预算相一致，成本支出是否合理，有无损失浪费等现象，工程完工后盘盈材料是否冲减在建工程成本。

（4）审查在建工程资本性支出和收益性支出的正确划分。主要审查在建工程的利息支出，在工程竣工交付使用前发生的利息支出应予以资本化，构成在建工程成本；竣工交付使用后发生的利息支出应计入财务费用，进入当期损益。

（5）检查本期在建工程增加、减变动的会计处理是否正确。在建工程建设中所发生的各种料、工、费均应计入成本，完工后，应从在建工程转入固定资产。审查应注意有无完整的转移手续，原始凭证是否齐全，会计处理是否正确。

（6）确定在建工程在资产负债表上的披露是否恰当。

第三节 固定资产与在建工程审计工作底稿

一、固定资产审计工作底稿

固定资产审计工作底稿包括固定资产实质性程序表、固定资产审定表、固定资产明细表、固定资产监盘检查情况表、固定资产增加检查表、固定资产减少检查表、租赁询证函、折旧计算检查情况表、固定资产凭证检查情况表等。

1. 固定资产实质性程序表

表9-1 固定资产实质性程序表

被审计单位：　　　　　　　　　　　　　　　　　索引号：
项目：　　　　　　　　　　　　　　　　　　　　截止日：
编制：　　　　　　　　　　　　　　　　　　　　复核：
日期：　　　　　　　　　　　　　　　　　　　　日期：

一、需从实质性程序获取的保证程度					
审计目标	财务报表认定				
1. 审计目标	存在	完整性	权利和义务	计价和分摊	列报
2. 需从实质性程序获取的保证程度	A	B	C	D	E
二、实质性程序					
审计目标	可供选择的实质性程序			是否选择	索引号
D	1. 获取或编制固定资产（包括累计折旧和减值准备）明细表，复核加计是否正确，并与总账数和明细账合计数核对是否相符，并与报表数核对是否相符			✓	
ABD	2. 实施固定资产监盘程序： （1）在本期新增的固定资产中，选择适量的项目，实地观察和检查固定资产（如为首次接受委托，应针对期初固定资产实施相应程序），确定其是否存在，记录当前实际使用状况 （2）观察是否存在已报废但仍未核销的固定资产 （3）观察是否存在封存或闲置的固定资产 （4）观察是否存在尚未记账的固定资产				

续表

C	3. 检查固定资产的所有权或控制权，是否存在"他项权"，对各类固定资产获取、收集不同的证据以确定其是否归被审计单位所有： （1）对外购的机器设备等固定资产，审核采购发票、采购合同等 （2）对于房地产类固定资产，查阅权属证书、有关合同、财产税单、抵押借款的还款凭据、保险单等书面文件 （3）对融资租入的固定资产，检查有关融资租赁合同 （4）对汽车等运输设备，检查有关运营证件等 （5）结合银行存款等有关负债项目的检查，了解固定资产是否存在重大的抵押等担保情况		
D	4. 检查本期增加的固定资产的入账价值： （1）检查本年度增加固定资产的计价（初始计量）是否正确，手续是否齐备，会计处理是否正确 （2）检查固定资产购买价款是否存在超过正常信用条件延期支付（实质上具有融资性质），若存在，其成本是否以购买价款的现值为基础确定 （3）检查固定资产是否存在弃置费用，如果存在，检查弃置费用的估计方法和弃置费用现值的计算是否合理，会计处理是否正确 （4）检查固定资产后续支出是否满足资产确认条件；如不满足，检查该支出是否在发生时计入当期损益 （5）结合借款等负债项目的审计，检查计入固定资产的借款费用资本化金额		
ABD	5. 检查本期减少的固定资产： （1）结合固定资产清理科目，抽查固定资产账面转销额是否正确，原计提的减值准备是否同时结转，会计处理是否正确 （2）检查出售、盘亏、转让、报废或毁损的固定资产是否经授权批准，会计处理是否正确 （3）检查投资转出固定资产的会计处理是否正确 （4）检查债务重组或非货币性资产交换转出固定资产的会计处理是否正确 （5）检查其他减少固定资产的会计处理是否正确		

续表

ADC	6. 检查融资租入的固定资产： （1）获取被审计单位融资租入固定资产的租赁合同、租约，检查租赁是否符合融资租赁的条件，会计处理是否正确（资产的入账价值、折旧、相关负债） （2）租入固定资产有无久占不用、浪费损坏的现象，租入固定资产是否已登记备查簿 （3）必要时，向出租人函证租赁合同及执行情况 （4）检查租入固定资产是否存在改良支出，其核算是否复核企业会计准则的规定		
ADC	7. 检查出租的固定资产： （1）获取出租固定资产的租赁合同、租约，检查出租的固定资产是否确属企业多余、闲置不用的 （2）检查租金收取情况，有无多收、少收现象；是否存在变相馈赠、转让等情况 （3）必要时，向承租人函证租赁合同及咨询情况		
ED	8. 检查购置固定资产时是否存在与资本性支出有关的财务承诺		
D	9. 检查固定资产的折旧： （1）检查被审计单位的折旧政策和方法是否符合企业会计准则的规定，前后期是否一致，预计使用寿命和预计净残值的确定是否合理、本期是否变更，变更是否符合企业会计准则的规定 （2）（实施实质性分析程序）重新计算各类固定资产本期应计提的折旧额；将被审计单位账面计提折旧额与上年同期金额、测算折旧额进行比较，根据可接受的差异额分析评估测试结果 （3）（实施细节测试）检查本期折旧费用的计提是否正确，尤其关注已计提减值准备的固定资产的折旧 （4）检查折旧费用的分配方法是否合理，与上期是否一致；分配计入各项目的金额占本期全部折旧计提额的比例与上期比较是否有重大差异；将本期计提折旧额与成本费用中折旧费金额进行核对 （5）关注固定资产增减变动时，相应的累计折旧账户的会计处理是否符合规定		

续表

D	10. 检查固定资产是否存在减值迹象，若存在，复核被审计单位估计的可收回金额，以确定固定资产是否已经发生减值： （1）与被审计单位管理层讨论，固定资产是否存在可能发生减值的迹象 （2）检查资产组的认定是否恰当，计提固定资产减值准备的依据是否充分，会计处理是否正确 （3）检查是否存在转回以前年度固定资产减值准备的情况		
	11. 针对评估的舞弊风险等因素增加的审计程序		
E	12. 检查固定资产是否按照企业会计准则的规定恰当列报		

2. 固定资产审定表

表9-2 固定资产审定表

被审计单位： 索引号：
项目： 截止日：
编制： 复核：
日期： 日期：

项目名称	期末未审数	账项调整		重分类调整		期末未审数	上期末未审数	索引号
		借方	贷方	借方	贷方			
一、固定资产原值合计								
其中：房屋及建筑物								
机器设备								
运输设备								
电子设备								
二、累计折旧合计								
其中：房屋及建筑物								
机器设备								
运输设备								
电子设备								
三、固定资产减值准备合计								
其中：房屋及建筑物								
机器设备								

续表

项目名称	期末未审数	账项调整 借方	账项调整 贷方	重分类调整 借方	重分类调整 贷方	期末未审数	上期末未审数	索引号
运输设备								
电子设备								
四、固定资产账面净额合计								
其中：房屋及建筑物								
机器设备								
运输设备								
电子设备								
审计结论：余额可以确认，通过审计程序未见异常								

3. 固定资产明细表

表9-3 固定资产明细表

被审计单位：　　　　　　　　　　　　　　索引号：
项目：　　　　　　　　　　　　　　　　　截止日：
编制：　　　　　　　　　　　　　　　　　复核：
日期：　　　　　　　　　　　　　　　　　日期：

项目名称	期初余额	本期增加	本期减少	期末余额	备注
一、固定资产原值合计					
其中：房屋及建筑物					
机器设备					
运输设备					
电子设备					
二、累计折旧合计					
其中：房屋及建筑物					
机器设备					
运输设备					
电子设备					
三、固定资产减值准备合计					
其中：房屋及建筑物					

续表

项目名称	期初余额	本期增加	本期减少	期末余额	备注
机器设备					
运输设备					
电子设备					
四、固定资产账面净额合计					
其中：房屋及建筑物					
机器设备					
运输设备					
电子设备					
审计说明：					

4. 固定资产监盘检查情况表

表9-4 固定资产监盘检查情况表

被审计单位：　　　　　　　　　　　　　　　索引号：
项目：　　　　　　　　　　　　　　　　　　截止日：
编制：　　　　　　　　　　　　　　　　　　复核：
日期：　　　　　　　　　　　　　　　　　　日期：

资产编号	资产名称	规格型号	计量单位	单价	账面结存		被审计单位盘点			实际检查			备注
					数量	金额	数量	金额	盈亏(+/-)	数量	金额	盈亏(+/-)	

检查说明：××年×月×日检查地点：公司监察人：盘点检查比例：

审计说明：

5. 固定资产增加检查表

表 9-5　固定资产增加检查表

被审计单位：　　　　　　　　　　　　　　　　　　索引号：
项目：　　　　　　　　　　　　　　　　　　　　　　截止日：
编制：　　　　　　　　　　　　　　　　　　　　　　复核：
日期：　　　　　　　　　　　　　　　　　　　　　　日期：

固定资产名称	取得日期	取得方式	固定资产类别	增加情况		凭证号	核对内容（用"√""×"表示）							
				数量	原价		1	2	3	4	5	6	7	8

核对内容说明：
1. 与发票是否一致；2. 与付款单据是否一致；3. 与购买/建造合同是否一致；
4. 与验收报告或评估报告等是否一致；5. 审批手续是否齐全；
6. 与在建工程转出数核对是否一致；7. 会计处理是否正确（入账日期和入账金额）；
8. ……

6. 固定资产减少检查表

表 9-6　固定资产减少检查表

被审计单位：　　　　　　　　　　　　　　　　　　索引号：
项目：　　　　　　　　　　　　　　　　　　　　　　截止日：
编制：　　　　　　　　　　　　　　　　　　　　　　复核：
日期：　　　　　　　　　　　　　　　　　　　　　　日期：

固定资产名称	处置日期	处置方式	固定资产原价	累计折旧	减值准备	账面价值	处置费用	处置收入	损益（损失）	索引号	核对内容（用"√""×"表示）				
											1	2	3	4	5

续表

固定资产名称	处置日期	处置方式	固定资产原价	累计折旧	减值准备	账面价值	处置费用	处置收入	损益（损失）	索引号	核对内容（用"√""×"表示）				
											1	2	3	4	5

核对内容说明：1. 与收款单据是否一致；2. 与合同是否一致；3. 审批手续是否完整；4. 会计处理是否正确；5. ……

审计说明：

7. 租赁询证函

租赁询证函

公司：

本公司聘请的××会计师事务所有限责任公司正在对本公司2018年度财务报表进行审计，按照中国注册会计师审计准则的要求，应当询证本公司与贵公司的固定资产租赁情况。请根据××年×月×日签订的有关租入贵公司[租赁资产名称]租赁协议向××会计师事务所确认以下事项，回函请直接寄至××会计师事务所有限责任公司。

回函地址：邮编：

电话：传真：联系人：

一、租赁合同（协议）信息

1. 租赁期开始日与到期日：从到

2. 月付租金额：

3. 租赁保证金数额：

4. 如有续租选择权，请列示：

（1）续租期间：从到

（2）续租月付租金额：

5. 如有购买租赁资产的选择权，请列示：

（1）购买价：

（2）行使该选择权的有效期间：从到

（3）月付租金额占购买价的百分比：

二、与租赁相关的信息

请贵公司提供如下与租赁相关信息：

1. 若上述租赁协议已修改部分条款或签订补充协议，请注明相应日期及条款：

2. 尚未支付金额：
3. 尚未支付原因：
4. 上述函证事项尚未涉及的负债和或有事项：

（被审计单位盖章）

年月日

------------------------以下仅供被询证单位使用------------------------

结论：

1. 信息证明无误。	2. 信息不符，请列明不符项目及具体内容。
（被询证单位盖章） 年月日 经办人：	（被询证单位盖章） 年月日 经办人：

8. 折旧计算检查情况表

表9-7 折旧计算检查情况表

被审计单位：　　　　　　　　　　　　　　索引号：
项目：　　　　　　　　　　　　　　　　　截止日：
编制：　　　　　　　　　　　　　　　　　复核：
日期：　　　　　　　　　　　　　　　　　日期：

固定资产名称	取得时间	使用年限	固定资产原值	残值率	折旧方法	累计折旧期初余额	减值准备期初余额	本期应提折旧	本期已提折旧	差异
合计										

续表

固定资产名称	取得时间	使用年限	固定资产原值	残值率	折旧方法	累计折旧期初余额	减值准备期初余额	本期应提折旧	本期已提折旧	差异

审计说明：

9. 固定资产凭证检查情况表

表9-8 固定资产凭证检查情况表

被审计单位： 索引号：
项目： 截止日：
编制： 复核：
日期： 日期：

日期		凭证编号	业务内容	对应科目	金额		核对内容					备注
月	日				借方	贷方	1	2	3	4	5	

核对内容说明：
1. 原始凭证合法有效，内容正确完整
2. 有授权批准且适当
3. 账务处理正确
4. 与生产经营有关
5. 归属于本期

审计说明：
抽查未发现异常（ ）

调整可确认（ ）

二、在建工程审计工作底稿

在建工程审计工作底稿包括在建工程实质性程序表、在建工程审定表、在建工程明细表、在建工程增加检查表、在建工程减少检查表（略，格式与在建工程增加检查表相似）等。

1. 在建工程实质性程序表

表9-9 在建工程实质性程序表

被审计单位：　　　　　　　　　　　　　　　　　　索引号：
项目：　　　　　　　　　　　　　　　　　　　　　　截止日：
编制：　　　　　　　　　　　　　　　　　　　　　　复核：
日期：　　　　　　　　　　　　　　　　　　　　　　日期：

一、需从实质性程序获取的保证程度					
审计目标	财务报表认定				
1. 审计目标	存在	完整性	权利和义务	计价和分摊	列报
2. 需从实质性程序获取的保证程度	A	B	C	D	E

注：根据财务报表项目的重要性、评估的各认定的重大错报风险及控制测试（如有）的结果填写。

二、实质性程序

审计目标	可供选择的实质性程序	是否选择	索引号
D	1. 获取或编制在建工程明细表，复核加计是否正确，并与总账数和明细账合计数核对是否相符，结合在建工程减值准备科目和报表数核对是否相符		
ABD	2. 检查本期增加的在建工程： （1）询问管理层在建工程本期增加情况，并与在建工程的明细表进行核对 （2）查阅资本支出预算、公司相关会议决议等，检查本期增加的在建工程是否全部得到记录 （3）检查本期增加的在建工程的原始凭证是否完整，如立项申请、工程借款合同、施工合同、发票、工程物资请购申请、付款单据、运单、验收报告等是否完整，计价是否正确		
AB	3. 检查本期减少的在建工程： （1）了解在建工程结转固定资产的政策，并结合固定资产审计，检查在建工程转销额是否正确，是否存在将已交付使用的固定资产挂列在建工程而少记折旧的情形 （2）检查在建工程其他减少的情况，入账依据是否齐全，会计处理是否正确		
D	4. 检查借款费用资本化是否正确。复核资本化的借款费用、资本化率、实际支出数及资本化的开始、暂停和停止时间		
A	5. 实施在建工程监盘程序，关注在建项目的进度		

续表

D	6. 检查在建工程减值准备，关注停建工程： （1）检查在建工程是否出现减值情形，是否应计提减值准备 （2）复核被审计单位测算的可收回金额的依据和方法		
	7. 针对评估的舞弊风险等因素增加的审计程序		
E	8. 检查在建工程是否已按照企业会计准则的规定恰当列报		

2. 在建工程审定表

表 9－10　在建工程审定表

被审计单位：　　　　　　　　　　　　　　　　　　索引号：
项目：　　　　　　　　　　　　　　　　　　　　　　截止日：
编制：　　　　　　　　　　　　　　　　　　　　　　复核：
日期：　　　　　　　　　　　　　　　　　　　　　　日期：

项目名称	期末未审数	账项调整		重分类调整		期末未审数	上期末未审数	索引号
		借方	贷方	借方	贷方			
一、在建工程账面余额								
二、在建工程减值准备								
三、在建工程账面价值								
审计结论：								

3. 在建工程明细表

表9–11 在建工程明细表

被审计单位：　　　　　　　　　　　　　　　　　　　　　索引号：
项目：　　　　　　　　　　　　　　　　　　　　　　　　截止日：
编制：　　　　　　　　　　　　　　　　　　　　　　　　复核：
日期：　　　　　　　　　　　　　　　　　　　　　　　　日期：

工程项目名称	预算数	工程进度	完工日期	批准文号	资金来源	期初余额			本期增加			本期转入固定资产			其他减少			期末余额			期末减值准备	期末账面价值
						金额	其中：借款费用资本化金额		金额	其中：借款费用资本化金额		金额	其中：借款费用资本化金额		金额	其中：借款费用资本化金额		金额	其中：借款费用资本化金额			
合计																						

审计说明：

4. 在建工程增加检查表

表 9-12 在建工程增加检查表

被审计单位：　　　　　　　　　　　　　　　　　　　索引号：
项目：　　　　　　　　　　　　　　　　　　　　　　　截止日：
编制：　　　　　　　　　　　　　　　　　　　　　　　复核：
日期：　　　　　　　　　　　　　　　　　　　　　　　日期：

工程项目名称	记账日期	凭证编号	业务内容	本期增加金额	核对内容（用"√""×"表示）					
					1	2	3	4	5	6

核对业务内容：
1. 与立项文件是否一致；2. 与施工合同是否一致；3. 与发票是否一致；4. 工程进度与监理报告是否一致；5. 与资本支出预算是否一致；6. ……

审计说明：

第四节　固定资产与在建工程审计案例

一、审计人员在审查江南公司上年固定资产折旧业务时，对对方的一笔业务产生了异议：

表 9-13 折旧计算表

2018 年 11 月 30 日　　　　　　　　　　　　　　　　　　　　　　　　　　单位：元

部门/用途	固定资产原值	折旧方法	本月折旧	备注
办公楼				
自用	…	…	15000	

续表

部门/用途	固定资产原值	折旧方法	本月折旧	备注
出租1	…	…	12000	成本计量
出租2	…	…	18000	公允价值计量
小计			45000	

……

分录：

借：管理费用　　45000

　　贷：累计折旧　　45000

试据此发表审计意见，并编制必要的调整分录

意见：

1. 关于折旧额：出租用的办公楼，若采用公允价值计量模式，不需要折旧。

2. 关于核算科目，出租用办公楼的折旧，应当通过"投资性房地产累计折旧"科目核算，并将费用归集到"其他业务成本"

由于管理费用与其他业务成本都属于损益类账户，期末没有余额，因此，此处编制调整分录时，可以忽略，只需要在涉及的相关报表项目时进行调整即可。据此，调整分录如下：

借：累计折旧　　30000

　　贷：投资性房地产累计折旧　　12000

　　　　以前年度损益调整　　18000

二、审计人员在审查东华公司上年固定资产折旧业务时，对对方年末的一笔业务产生了异议，该业务实际计提折旧情况如下：

表9-14　折旧计算表

2018年12月31日　　　　　　　　　　　　　　　　　　　　　　　　　　单位：元

部门/用途	固定资产原值	折旧方法	本月折旧	备注
生产设备	…	…	25000	
运输设备	…	…	16000	
办公设备	…	…	14000	
房屋建筑物	…	…	40000	
小计			95000	

……

分录：

借：管理费用　　95000
　　贷：累计折旧　　95000

审计人员根据会计准则的要求，重新计算了折旧，发现对方少提房屋建筑物折旧15000元，同时，当月生产的产品全部未完工，运输设备主要是销售机构使用。该公司上年利润8000元，执行25%的所得税率。

试据此发表审计意见，并编制必要的调整分录

审计意见：

(1) 补提房屋建筑物折旧15000元，因此，增加费用15000元。

（此时，若不考虑与后面的业务合并，则编制如下调整分录：

借：以前年度损益调整　　15000
　　贷：累计折旧　　15000

但由于后面还有涉及损益的业务，此时暂不编制分录）

(2) 生产设备折旧应当记入成本，通过制造费用去集合，然后按照一定的标准（如生产工时之类的）分配。由于产品未完工，不能转入当期费用，因此，需要调整减少费用25000元。

（此时，若不考虑与前后面的业务合并，则编制如下调整分录：

借：制造费用　　25000
　　贷：以前年度损益调整　　25000

但由于后面还有涉及损益的业务，此时暂不编制分录）

(3) 运输设备的折旧应当记入销售费用，由于管理费用与销售费用都属于损益类的费用账户，年末没有余额，因此，可以不进行账项调整，直接在报表相关栏目进行调整即可。

也就是说，调表不调账！

(4) 根据上述意见，该公司合计需要调整的费用为-10000元（15000-25000），即综合调减费用10000元，由此，增加利润10000元。

调整分录

借：制造费用　　25000
　　贷：累计折旧　　15000
　　　　以前年度损益调整　　10000

(5) 调整所得税

借：以前年度损益调整　　2500
　　贷：应交税费——所得税　　2500

三、审计人员 2020 年 4 月在审查欧鹏公司 2019 年固定资产账务时，发现以下业务存疑：

1. 2019 年 9 月出售给客户旧机床 1 台，"固定资产——机床"原始价值 45 万元，已提折旧 12 万元，已提减值准备 3 万元，实际收到款项 28.25 万元（增值税率 13%），单位会计处理为

　　（1）借：银行存款　　　28.25 万元
　　　　　　贷：营业外收入　　25 万元
　　　　　　　　应交税费——增（销）　　3.25 万元
　　（2）借：营业外支出　　45 万元
　　　　　　贷：固定资产　　45 万元

2. 与供应商达成债务重组协议，以 1 辆汽车清偿欠款 20 万元。"固定资产——汽车"原始价值 33 万元，已提折旧 14 万元，已提减值准备 1 万元，会计账务处理为：

　　借：应付账款——XX　　18 万元
　　　　累计折旧　　14 万元
　　　　固定资产减值准备　　1 万元
　　　　贷：固定资产　　33 万元

审计前，该公司 2019 年实现利润 100 万元且已经按照 25% 的所得税率进行了申报与核算。

试对上述业务发表审计意见，并编制必要的调整分录。

审计意见

（1）出售固定资产，应当将该资产账面价值全部转出，且通过"固定资产清理"账户过渡，最终转入营业外损益。该资产账面价值 30 万元（45－12－3），清理收入 25 万元，应转入净损失 5 万元。实际记入了 20 万元（25－45），多记入 15 万元（具体体现为应转出的折旧与减值准备账户金额未转销），应当予以调整。

（若不考虑后面的业务，此处的调整分录为：
借：累计折旧　　12 万元
　　固定资产减值准备　　3 万元
　　贷：以前年度损益调整　　15 万元）

（2）债务重组业务，应当将债务重组损益记入"营业外收入/营业外支出"，不应当继续挂账。此笔业务属于债务重组收益 2 万元（20 万元－18 万元），应当予以调整。

（若不考虑后面的业务，此处的调整分录为：
借：应付账款——XX　　2 万元
　　贷：以前年度损益调整　　2 万元）

（3）根据上述两笔业务，合并为以下调整分录

借：累计折旧　　　12万元

　　固定资产减值准备　　3万元

　　应付账款——XX　　2万元

　　贷：以前年度损益调整　　17万元

（4）调整所得税

所得税：170000*25%=42500

借：以前年度损益调整　　42500

　　贷：应交税费——所得税　　42500

四、2020年4月，审计人员在审查安安公司2019年固定资产账务时，对以下业务产生了异议：

1. 2019年8月10日，公司对生产设备一台完成改造，成本136000元全部计入固定资产，使改造后的固定资产价值达到336000元，且从9月份开始计提折旧，采用平均年限法，折旧年限5年，期满无残值。审计认为，成本中有30000元不符合资本化条件，应当作为长期待摊费用，在未来的2年内摊销完毕。

2. 2019年12月5日，新增固定资产1项，入账价值659800元，审计认为其中利息资本化部分金额（5万元）不符合资本化条件，应当费用化。

3. 年末，公司对在用的固定资产进行减值测试，转回了10万元的准备，会计账务为：

借：固定资产减值准备　　10万元

　　贷：资产减值损失　　10万元

另外，2019年，安安公司实现利润12万元，反映所得税费用3万元（税率25%）。

试对上述业务发表审计意见，并编制必要的调整分录。

审计意见

（1）超出资本化部分的改造支出，30000元，应当转入长期待摊费用，调整分录：

借：长期待摊费用　　30000

　　贷：固定资产　　30000

同时，调整费用：

原计提折旧额（超出部分），30000元/5年=6000元（年折旧）

月折旧额6000/12=500元，实际计提了500*4个月=2000元

应当摊销30000/2=15000元（年摊销额）

月摊销额15000/12=1250元，应当摊销1250*4个月=5000元

两者相互抵消，还应当补记费用3000元。调整分录为

借：以前年度损益调整　　3000
　　　累计折旧　　2000
　　贷：长期待摊费用　　5000

注意，审计实务中，由于是同一事件，一般是将上述业务合并为一笔调整分录

借：以前年度损益调整　　3000
　　累计折旧　　2000
　　长期待摊费用　　25000
　　贷：固定资产　　30000

（2）不符合资本化的利息，应当转为当期费用，调整分录为

借：以前年度损益调整　　50000
　　贷：固定资产　　50000

（3）根据会计准则要求，长期资产一旦计提减值准备，不得转回。因此，应当将原账务转回，调整分录为：

借：以前年度损益调整　　100000
　　贷：固定资产减值准备　　100000

综合上述 3 项业务，合计调增费用 153000 元，导致利润减少 153000 元，影响所得税费用为 38250 元。调整分录

借：应交税费——所得税　　38250
　　贷：以前年度损益调整　　38250

第十章

无形资产审计

第一节 无形资产审计的目的

无形资产审计属于经济效益审计的范畴,审计的目的是促进企业加强对无形资产的开发与管理、提升企业竞争力、提高企业经济效益,同时对促进企业提高对无形资产重要性的认识及管理机制的形成具有长远的战略意义。

无形资产审计,主要审查无形资产是否存在、有无虚构,购入是否合法,入账价值是否正确,是否按照国家法规及合同协议或已批复的企业申请书的规定期限及有效使用年限分期摊销,摊销数额的计算是否正确;审查无形资产的转让是否合规,注意转让或出售作价价格是否合理,其收入是否及时入账,账务处理是否正确。注意以无形资产作价对外投资,其作价是否经过具有评估资格的评估机构评估等。具体有以下六个项目:

(1) 确定无形资产是否存在;
(2) 确定无形资产是否归被审计单位所有;
(3) 确定无形资产增减变动及其摊销的记录是否完整;
(4) 确定无形资产的摊销政策是否恰当;
(5) 确定无形资产的年末余额是否正确;
(6) 确定无形资产在会计报表上的披露是否恰当。

第二节 无形资产内控制度测试

一、内部控制制度

1. 相关岗位设置

无形资产业务岗位设置中的不相容岗位包括:无形资产投资预算的编制与审批;无形资产投资预算的审批与执行;无形资产取得、验收与款项支付;无形资产处置的审批与执行;无形资产取得与处置业务的执行与相关会计记录;无形资产的使用、保管与会计处理。

2. 购置无形资产的授权批准制度

资产管理部(或无形资产购置承办部门)提出无形资产购置申请,编制可行性分析报告,说明无形资产购置的可行性和必要性。

公司投资管理委员会召开会议，对资产管理部的可行性分析报告进行审议。

总经理批准授权范围内的无形资产投资项目，并签署购置方案、购置协议。

股东大会根据公司章程关于资产购置的审批权限，批准超限额的无形资产购置计划。

董事会审批除股东大会审批权限外的其他购置计划，或对总经理决策权限做出授权；审批年度无形资产购置预算；审批年度无形资产购置计划。

财务部经理从资金价值管理角度对无形资产投资可行性分析报告进行评审，并签署评审意见。

3. 无形资产验收制度

（1）外购无形资产。外购无形资产由公司资产管理部组织、相关部门参与，按照合同、技术交底文件规定的验收标准进行验收。

（2）自制无形资产。自制无形资产制作完成后，由项目负责人向管理部门提出验收申请；相关管理部门负责组织验收。

4. 无形资产使用制度

凡需使用本公司无形资产的部门或人员，必须向公司资产管理部申报，经过公司各级管理机构及人员审批，并签署保密协议等约束文书后方可使用。

无形资产使用部门负责无形资产的日常使用与保全管理，保证无形资产的安全与完整。

公司一旦取得无形资产，财务部经理即需依据国家有关规定，结合公司实际情况，确定无形资产摊销范围、摊销年限、摊销方法、残值等，并对无形资产的会计处理结果进行审核。

5. 无形资产处置制度

无形资产的处置必须报经总经理办公会议审议批准，并由资产管理部（或无形资产处置承办部门）组织专家进行论证和技术鉴定，经与交易对方进行商务谈判，拟定无形资产处置合同或协议，处置价格不得低于市场评估值。

总经理需召开总经理办公会，在权限范围内审批或授权审批无形资产的处置。

资产管理部（或无形资产处置承办部门）审核无形资产权属变动事项的有关资料。

二、控制测试

审计人员可以通过询问被审计单位有关人员，发放调查问卷以及抽查无形资产会计记录等方法，了解被审计单位无形资产的增减是否经过适当的授权，无形资产岗位设置是否合理，是否对无形资产的构成内容进行必要的审核，资本化和费用化及摊销期限的标准是否符合有关规定，是否对无形资产的价值进行监控，有关会计处理方法是否符合规定。

第三节 无形资产审计工作底稿

一、审计程序

（1）获取或编制无形资产明细表，复核其加计数是否准确，并与明细账和总账余额核对相符。

（2）获取有关文件、资料，检查无形资产的构成内容和计价依据。

（3）检查以接受投资或购入方式取得的无形资产的价值是否分别与验资报告及资产评估结果确认书或合同协议等证明文件一致，检查取得无形资产的法律程序是否完备。

（4）检查无形资产的摊销方法，复核计算无形资产的摊销及其会计处理是否正确。

（5）验明无形资产是否已在资产负债表上恰当披露。

二、实质性程序

1. 审计人员首先应该获取或编制无形资产明细表，取得有关无形资产原始价值、账面价值、取得日期及摊销期限等资料。确认无形资产的形成是否正确。

无形资产形成的途径主要有三条：购入、自创和投资转入。由于无形资产不具有实物形态，所以对无形资产形成真实性的审查主要集中在无形资产有关原始凭证和证明文件上。对于外购的无形资产，审计人员可以审查交易双方签订的转让合同、支付凭证等。对于自制形成的无形资产，要注意审查企业有关原始支付凭证和会计账簿。审计人员应注意被审计单位对收益性支出和资本性支出的划分，以及无形资产的入账价值是否正确。

例 10-1：注册会计师审计大华公司 2020 年度会计报表时，了解到大华公司从当年初开始研究开发一项新技术，至 2020 年 9 月 10 日研究成功，共发生开发费用 150 万元及律师费 50 万元。为使该项新技术运用到生产中，大华公司发生相关费用 30 万元。

大华公司相关会计处理如下：

借：无形资产　　　2300000

贷：银行存款　　　2300000

案例分析：自行开发并依法申请取得的无形资产，其入账价值应按依法取得时发生的注册费、律师费等费用确定；无形资产在确认后发生的支出，应在发生时确认为当期费用。据此，注册会计师提请大华公司就无形资产价值的确认等进行如下调整：

借：以前年度损益调整　　　300000
　　贷：无形资产　　　300000

2. 无形资产的转让是否正确。

无形资产转让的方式有两种，一是转让所有权，二是转让使用权。

例10-2：2020年11月，大华公司与A公司签订协议，将开发的该项新技术出售给A公司（账面价值200万元），双方协议价格400万元，A公司于12月5日预付了400万元价款。协议中规定，该项新技术出售给A公司后，大华公司需继续提供售后服务，以保证A公司使用该项技术所生产的产品达到大华公司规定的质量标准；如果半年内未能达到规定的质量标准，A公司有权将其原价退回大华公司。收到价款时，大华公司将其作为资产处置收入处理：

借：银行存款　　　4000000
　　贷：无形资产　　　2000000
　　　　营业外收入　　　1760000
　　　　应交税费——应交增值税　　　240000

案例分析：在大华公司对A公司使用该项新技术后能否达到规定的质量标准的可能性不确定时，大华公司转让新技术的主要风险和报酬并未转移，不能确认2020年度的该项无形资产的转让收入。为此，提请大华公司作如下调整处理：

借：无形资产　　　2000000
　　以前年度损益调整　　　1760000
　　应交税费—应交营业税　　　240000
　　贷：预收账款　　　4000000

3. 无形资产对外投资是否正确。

审查时，首先应注意无形资产投资的作价是否合理，有无过高或过低的情况。其次，应注意账务处理是否正确。

4. 无形资产的摊销是否正确。

对无形资产摊销进行审查时，应注意无形资产的摊销期限是否正确。其次，应注意无形资产摊销数额的计算是否正确。最后，应注意无形资产摊销的会计处理是否正确。

例10-3：注册会计师张刚审计新兴公司2020年度会计报表时，了解到该公司2020年3月1日购买某项专有技术，支付价款240万元，根据相关法律规定，该项无形资产的有效使用年限为10年。2020年12月31日，公司与转让该技术的单位发生合同纠纷，专有技术的使用范围也因受到一定的限制而可能造成减值。审计中未发现新兴公司进行账务处理。

案例分析：无形资产的成本，应自取得当月起在预计使用年限内分期平均摊销。如果预计使用年限超过了相关合同规定的受益年限或法律规定的有效年限，该无形资产的摊销年限按如下原则确定：合同规定了受益年限但法律没有规定有效年限的，摊销年限不应超过受益年限；合同没有规定受益年限但法律规定有效年限的；摊销年限不应超过有效年限；合同规定了受益年限，法律也规定了有效年限的，摊销年限不应超过受益年限和有效年限二者之中较短者。如果合同没有规定受益年限，法律也没有规定有效年限的，摊销年限不应超过 10 年。

另外，无形资产应当按照账面价值与可收回金额孰低计量，对于可收回金额低于账面价值的差额，应当计提无形资产减值准备。

据此，注册会计师张刚应进行如下审计处理：

（1）提请新兴公司在规定预计使用年限内平均摊销该项无形资产：

当年应摊销额 =（240÷10）÷12×10 = 20（万元）

会计处理为：

借：以前年度损益调整　　200000
　　贷：累计摊销　　200000

（2）提请新兴公司对该专有技术发生减值准备后可能收回的金额计提无形资产减值准备。经有关专业技术人员估计，预计可收回金额为 50 万元，为此，应进行如下会计处理：

借：以前年度损益调整　　50000
　　贷：无形资产减值准备　　500000

（3）应将审验情况及被审计单位的调整情况详细记录于审计工作底稿中。

（4）如被审计单位拒绝调整，审计人员应考虑出具保留意见或否定意见的审计报告。

三、工作底稿

无形资产审计工作底稿应包括下列基本内容：

（1）被审计单位名称，即接受审计的单位或项目的具体名称。目的在于明确审计客体。

（2）审计项目名称，即审计事项，一般是指实施审计手续的对象的名称或某一财务报表项目名称。目的在于明确审计内容。

（3）会计期间或截止日，即审计内容所属会计期间或会计时点。目的在于明确审计范围。

（4）审计过程记录，包括实施审计手续的记录，审计测试记录，审计人员的判断、评价、处理意见和建议，以及审计组讨论的记录和审计复核记录等。目的在于记载审计人员所实施审计手续的性质、范围及过程等内容。

（5）审计事项结论即经过审计，审计人员对该审计事项所作的结论或评价结果，目的在于记录审计人员的专业判断，为支持审计报告和意见提供依据。

（6）编制者姓名及编制日期即实施该项目审计并记录审计工作结果的审计人员姓名及编制该工作底稿的时间，目的在于明确工作职责，以便检查者、使用者了解谁可以对该工作底稿提供详细的解释。

（7）复核者姓名及复核日期即负责检查审计人员工作质量的人员实施复核后的

签名及实施复核的时间,目的在于明确复核责任,便于查询。

(8) 索引号及页次即审计人员根据一定规则统一规定的各审计事项的编号和本页工作底稿属于该审计事项的第几页的页次,目的在于方便存取使用,便于日后参考。

(9) 标识即审计符号,是审计人员用以表达各种审计含义的书面符号,目的是节约时间、提高效率和方便阅读。

(10) 其他应说明的事项即审计人员根据审计工作需要,认为应当在审计工作底稿上予以记录的其他相关事项。

附:无形资产审计工作底稿样式

无形资产实质性程序

被审计单位:　　　　　　　　　　索引号:　　ZU　　
项目:　__无形资产__　　　　　　　财务报表截止日/期间:
编制:　　　　　　　　　　　　　复核:
日期:　　　　　　　　　　　　　日期:

第一部分　认定、审计目标和审计程序对应关系

一、审计目标与认定对应关系表

审计目标	财务报表认定				
	存在	完整性	权利和义务	计价和分摊	列报
A. 资产负债表中记录的无形资产是存在的。	✓				
B. 被审计单位所有应当记录的无形资产均已记录。		✓			
C. 资产负债表中记录的无形资产由被审计单位拥有或控制。			✓		
D. 无形资产以恰当的金额包括在财务报表中,与之相关的计价或分摊调整已恰当记录。				✓	
E. 无形资产已按照企业会计准则的规定在财务报表中做出恰当列报。					✓

二、审计目标与审计程序对应关系表

审计目标	可供选择的审计程序	索引号
D	1. 获取或编制无形资产明细表,复核加计是否正确,并与总账数和明细账合计数核对是否相符;结合累计摊销、无形资产减值准备科目与报表数核对是否相符	ZU2
AC	2. 检查无形资产的权属证书原件、非专利技术的持有和保密状况等,并获取有关协议和董事会纪要等文件、资料,检查无形资产的性质、构成内容、计价依据、使用状况和受益期限,确定无形资产是否存在,并由被审计单位拥有或控制	略
ABCD	3. 检查无形资产的增加: (1) 检查投资者投入的无形资产是否按投资各方确认的价值入账,并检查确认价值是否公允,交接手续是否齐全;涉及国有资产的,是否有评估报告并经国有资产管理部门评审备案或核准确认 (2) 对自行研发取得、购入或接受捐赠的无形资产,检查其原始凭证,确认计价是否正确,法律程序是否完备(如依法登记、注册及变更登记的批准文件和有效期);会计处理是否正确 (3) 对债务重组或非货币性资产交换取得的无形资产,检查有关协议等资料,确认其计价和会计处理是否正确 (4) 检查本期购入土地使用权相关税费计算清缴情况,与购入土地使用权相关的会计处理是否正确	略
ABD	4. 检查无形资产的减少: (1) 取得无形资产处置的相关合同、协议,检查其会计处理是否正确 (2) 检查房地产开发企业取得的土地用于建造对外出售的房屋建筑物,相关的土地使用权是否转入所建造房屋建筑物的成本。在土地上自行开发建造厂房等建筑物的,土地使用权和地上建筑物是否分别进行摊销和计提折旧 (3) 当土地使用权用于出租或增值目的时,检查其是否转为投资性房地产核算,会计处理是否正确	略
D	5. 检查被审计单位确定无形资产使用寿命的依据,分析其合理性	ZU3
AD	6. 检查无形资产的后续支出是否合理,会计处理是否正确	略
DA	7. 检查无形资产预计是否能为被审计单位带来经济利益,若否,检查是否将其账面价值予以转销,计入当期营业外支出	略
CE	8. 结合长、短期借款等项目的审计,了解是否存在用于债务担保的无形资产。如有,应取证并记录,并提请被审计单位作恰当披露	略
D	9. 检查无形资产的摊销: (1) 获取或编制无形资产累计摊销明细表,复核加计正确,并与总账	

续表

审计目标	可供选择的审计程序	索引号
	数和明细账合计数核对相符 （2）检查无形资产各项目的摊销政策是否符合有关规定，是否与上期一致，若改变摊销政策，检查其依据是否充分。注意使用期限不确定的无形资产不应摊销，但应当在每个会计期间对其使用寿命进行复核 （3）检查被审计单位是否在年度终了，对使用寿命有限的无形资产的使用寿命和摊销方法进行复核，其复核结果是否合理 （4）检查无形资产的应摊销金额是否为其成本扣除预计残值和减值准备后的余额，检查其预计残值的确定是否合理 （5）复核本期摊销是否正确，与相关科目核对是否相符	ZU4
D	10. 检查无形资产减值准备： （1）获取或编制无形资产减值准备明细表，复核加计正确，并与总账数和明细账合计数核对相符 （2）检查无形资产减值准备计提和转销的批准程序，取得书面报告等证明文件 （3）检查被审计单位计提无形资产减值准备的依据是否充分，会计处理是否正确 （4）检查无形资产转让时，相应的减值准备是否一并结转，会计处理是否正确 （5）对于使用寿命有限的无形资产，逐项检查是否存在减值迹象，并作出详细记录；对于使用寿命不确定的无形资产，无论是否存在减值迹象，是否都进行减值测试 （6）通过检查期后事项，以及比较前期无形资产减值准备数与实际发生数，评价无形资产减值准备的合理性	
	11. 根据评估的舞弊风险等因素增加的审计程序	略
E	12. 检查无形资产是否已按照企业会计准则的规定在财务报表中作出恰当列报： （1）无形资产的期初和期末账面余额、累计摊销额及减值准备累计金额 （2）使用寿命有限的无形资产，其使用寿命的估计情况；使用寿命不确定的无形资产，其使用寿命不确定的判断依据 （3）无形资产的摊销方法 （4）用于担保的无形资产账面价值、当期摊销额等情况 （5）计入当期损益和确认为无形资产的研究开发支出金额	略

第二部分 计划实施的实质性程序

项　　目	财务报表认定				
	存在	完整性	权利和义务	计价和分摊	列报
评估的重大错报风险水平（注1）					
从控制测试获取的保证程度（注2）					
需从实质性程序获取的保证程度					
计划实施的实质性程序（注3）	索引号	执行人			
1.					
2.					
3.					
4.					
5.					
6.					
7.					
8.					
9.					
10.					
…					

注：1. 结果取自风险评估工作底稿。
　　2. 结果取自该项目所属业务循环内部控制工作底稿。
　　3. 在计划实施的实质性程序与财务报表认定之间的对应关系用"√"表示。

无形资产审定表

被审计单位：　　　　　　　　　　　　索引号：__ZU1__
项目：__无形资产__　　　　　　　　　　财务报表截止日/期间：
编制：　　　　　　　　　　　　　　　　复核：
日期：　　　　　　　　　　　　　　　　日期：

项目名称	期末未审数	账项调整		重分类调整		期末审定数	上期末审定数	索引号
		借方	贷方	借方	贷方			
一、原价合计								
1.								
…								
二、累计摊销额合计								
1.								
…								
三、减值准备累计金额合计								
1.								
…								
四、账面价值合计								
1.								
…								

审计结论：

无形资产明细表

被审计单位：	索引号： ZU2
项目： 无形资产明细表	财务报表截止日/期间：
编制：	复核：
日期：	日期：

项目名称	期初余额	本期增加	本期减少	期末余额	备注
一、原价合计					
1.					
…					
二、累计摊销额合计					
1.					
…					
三、减值准备累计金额合计					
1.					
…					
四、账面价值合计					
1.					
…					

审计结论及其他说明：

第十一章

负债审计

第一节 负债审计的目的

负债按偿还期时间长短可分为流动负债和长期负债。负债审计通常也可分为流动负债审计和长期负债审计。负债项目的审计同其他项目的审计一样,都要服务于审计总目标,即对被审单位会计报告的合法性、公允性及会计处理方法的一致性表示意见。但由于负债项目较多、性质各异,不同负债项目的审计目标也有所不同。尽管如此,对各负债项目的审计,基本目标还是一致的,即了解并确定有关负债的内部控制是否存在、有效且一贯遵守。

(1) 确定被审计单位在特定期间内发生的负债业务是否均已记录完毕,有无遗漏;

(2) 确定被审计单位所记录的负债在特定期间内是否确实存在,是否为被审计单位所承担;

(3) 确定所有负债的计价是否正确无误;

(4) 确定被审计单位有关负债的计价是否正确;

(5) 确定被审计单位各项负债的发生是否符合有关法律的规定,被审计单位是否遵守了有关债务契约的规定;

(6) 确定负债余额在有关会计报表上的反映是否恰当;

(7) 查明有无影响会计报表公允表达的重大错报;

(8) 为会计报表的公允表达提供依据。

第二节 负债内控制度测试

常见的负债内部控制制度测试程序如下:

(1) 审查各项负债的真实性。注册会计师可运用函证法,调查了解应付款项是否真实。同时应结合企业现金及银行存款日记账,确认是否存在未入账的负债。对于外币负债业务,还应审查其使用的折算汇率是否正确,折合人民币是否符合国家有关规定,有无低估负债的现象。

(2) 审查长期挂账的各项负债的原因,并督促调账。对于长期挂账的各项负债,审计人员应注意是否存在争议,有无因对方单位解散或其他原因而无法支付的款项。查实后,应做必要调整。对于确实无法支付的款项,应做营业外收入处理;对于其他不存在争议又有明确债权人的款项,注册会计师应督促被审计单位及时结清,以避免引起更多三角债。

(3) 确认各类负债的余额是否正确,并已在资产负债表上充分反映。

第三节 负债审计工作底稿

一、长(短)期借款审计工作底稿

长(短)期借款审计工作底稿主要包括长(短)期借款实质性程序表、长(短)期借款审定表、长(短)期借款明细表、利息分配情况检查表、长(短)期借款凭证交易检查情况表等(略)。

1. 长(短)期借款实质性程序表

表11-1 长(短)期借款实质性程序表

被审计单位:　　　　　　　　　　　　　　　　　　索引号:
项目:　　　　　　　　　　　　　　　　　　　　　　截止日:
编制:　　　　　　　　　　　　　　　　　　　　　　复核:
日期:　　　　　　　　　　　　　　　　　　　　　　日期:

一、需从实质性程序获取的保证程度					
审计目标	财务报表认定				
1. 审计目标	存在	完整性	权利和义务	计价和分摊	列报
2. 需从实质性程序获取的保证程度	A	B	C	D	E
二、实质性程序					
审计目标	可供选择的实质性程序			是否选择	索引号
D	1. 获取或编制长(短)期借款明细表: (1) 复核加计是否正确,并与报表数、总账数和明细账合计数核对是否相符 (2) 检查非记账本位币长(短)期借款的折算汇率及折算金额是否正确,折算方法是否前后一致				
B	2. 检查被审计单位贷款卡,核实账面记录是否完整。对被审计单位贷款卡上列示的信息与账面记录的差异进行分析,并关注贷款卡中列示的被审计单位对外担保的信息				
ACD	3. 对借款实施函证程序				

续表

ADC	4. 对本期内增加的借款,检查其借款合同,了解借款数额、借款用途、借款条件、借款日期、还款期限、借款利率,并与相关会计记录相核对		
BDC	5. 对本期减少的借款,检查其相关记录和原始凭证,核实还款金额,并与相关会计记录相核对		
E	6. 检查期末逾期借款,至外勤工作日是否归还或办理了展期手续。同时关注逾期借款对被审计单位财务状况的影响(如罚息、诉讼事项、查封资产等)		
D	7. 检查借款费用的会计处理是否正确,是否正确计入财务费用、在建工程、研发支出、制造费用等相关账户,借款费用资本化的时点和期间、资产范围、目的和用途等是否符合资本化条件		
	8. 针对评估的舞弊风险等因素增加的审计程序		
E	9. 检查长(短)期借款是否按照企业会计准则的规定恰当列报		

2. 长(短)期借款审定表

表11-2 长(短)期借款审定表

被审计单位:　　　　　　　　　　　　　　　索引号:
项目:　　　　　　　　　　　　　　　　　　截止日:
编制:　　　　　　　　　　　　　　　　　　复核:
日期:　　　　　　　　　　　　　　　　　　日期:

项目名称	期末未审数	账项调整		重分类调整		期末未审数	上期末未审数	索引号
		借方	贷方	借方	贷方			
一、短期借款								
信用借款								
抵押借款								
质押借款								
保证借款								
…								
短期借款合计								
二、长期借款								
信用借款								
抵押借款								

续表

项目名称	期末未审数	账项调整		重分类调整		期末未审数	上期末未审数	索引号
		借方	贷方	借方	贷方			
质押借款								
保证借款								
……								
长期借款合计								
审计结论:								

3. 长（短）期借款明细表

表 11-3 长（短）期借款明细表

被审计单位：　　　　　　　　　　　　　　　　　　　　　　　　　　　　索引号：
项　目：　　　　　　　　　　　　　　　　　　　　　　　　　　　　　　截止日：
编　制：　　　　　　　　　　　　　　　　　　　　　　　　　　　　　　复　核：
日　期：　　　　　　　　　　　　　　　　　　　　　　　　　　　　　　日　期：

贷款银行	借款期限		期初余额		本期增加			本期归还		期末余额		本期应计利息	本期实计利息	差异	借款条件	贷款用途	备注
	贷款日	约定还款日	利率	本金	日期	利率	本金	日期	本金	利率	本金						

编制说明：

外币短期借款应列明原币金额及折算汇率。

审计说明：

4. 利息分配情况检查表

表 11-4 利息分配情况检查表

被审计单位：　　　　　　　　　　　　　　　　　索引号：
项目：　　　　　　　　　　　　　　　　　　　　截止日：
编制：　　　　　　　　　　　　　　　　　　　　复核：
日期：　　　　　　　　　　　　　　　　　　　　日期：

项目名称	实际利息	利息（实际利息）分配数						核对是否正确	差异原因
		财务费用	在建工程	制造费用	研发支出	…	合计		
合计									

编制说明：
　　项目名称按长（短）期借款的明细科目列示。

审计说明：

二、应付利息与应付股利审计工作底稿

应付利息与应付股利审计工作底稿主要包括应付利息实质性程序表、应付利息审定表、应付利息明细表、应付利息凭证交易检查情况表（略）、应付股利实质性程序表、应付股利审定表、应付股利明细表、应付股利凭证交易检查情况表等。

1. 应付利息实质性程序表

表 11-5 应付利息实质性程序表

被审计单位：　　　　　　　　　　　　　　　　　索引号：
项目：　　　　　　　　　　　　　　　　　　　　截止日：
编制：　　　　　　　　　　　　　　　　　　　　复核：
日期：　　　　　　　　　　　　　　　　　　　　日期：

一、需从实质性程序获取的保证程度					
审计目标	财务报表认定				
1. 审计目标	存在	完整性	权利和义务	计价和分摊	列报
2. 需从实质性程序获取的保证程度	A	B	C	D	E
二、实质性程序					
审计目标	可供选择的实质性程序			是否选择	索引号

续表

D	1. 获取或编制应付利息明细表： （1）复核加计是否正确，并与报表数、总账数和明细账合计数核对是否相符 （2）检查非记账本位币应付利息的折算汇率及折算是否正确		
D	2. 结合财务费用、在建工程等相关项目审计，检查应付利息余额是否正确		
BD	3. 结合分期付息到期还本的长期借款的审计，检查应付利息有无漏记		
BDA	4. 检查利息支付原始凭证的内容和金额是否正确		
ACD	5. 结合分期付息到期还本的长期借款的审计对应付利息进行函证		
	6. 针对评估的舞弊风险等因素增加的审计程序		
E	7. 检查长（短）期借款是否按照企业会计准则的规定恰当列报		

2. 应付利息审定表

表11-6 应付利息审定表

被审计单位： 索引号：
项目： 截止日：
编制： 复核：
日期： 日期：

项目名称	期末未审数	账项调整		重分类调整		期末未审数	上期末未审数	索引号
		借方	贷方	借方	贷方			
合计								
审计结论：								

3. 应付利息明细表

表 11-7　应付利息明细表

被审计单位：　　　　　　　　　　　　　　　　　索引号：
项目：　　　　　　　　　　　　　　　　　　　　截止日：
编制：　　　　　　　　　　　　　　　　　　　　复核：
日期：　　　　　　　　　　　　　　　　　　　　日期：

项目名称	期初余额	本期增加	本期减少	期末余额	备注
合计					

审计说明：

4. 应付股利实质性程序表

表 11-8　应付股利实质性程序表

被审计单位：　　　　　　　　　　　　　　　　　索引号：
项目：　　　　　　　　　　　　　　　　　　　　截止日：
编制：　　　　　　　　　　　　　　　　　　　　复核：
日期：　　　　　　　　　　　　　　　　　　　　日期：

一、需从实质性程序获取的保证程度					
审计目标	财务报表认定				
1. 审计目标	存在	完整性	权利和义务	计价和分摊	列报
2. 需从实质性程序获取的保证程度	A	B	C	D	E
二、实质性程序					

审计目标	可供选择的实质性程序	是否选择	索引号
D	1. 获取或编制应付股利明细表，复核加计是否正确，并与报表数、总账数和明细账合计数核对相符		
ABC	2. 审阅公司章程、股东会和董事会会议纪要中有关股利的规定或决定，了解股利分配标准和发放方式是否符合有关规定并经法定程序批准		

续表

DAB	3. 检查应付股利的计提是否根据董事会或股东会决定的利润分配方案,从税后可供分配利润中计算确定,并复核应付股利计算和会计处理的正确性		
BDA	4. 检查股利支付的原始凭证的内容、金额和会计处理是否正确,关注现金股利是否按公告规定的时间、金额予以发放		
ACD	5. 向主要投资者函证		
AC	6. 检查董事会或类似机构通过的利润分配方案中拟分配的现金股利或利润,是否按规定处理		
	7. 针对评估的舞弊风险等因素增加的审计程序		
E	8. 检查应付股利是否按照企业会计准则的规定恰当列报		

5. 应付股利审定表

表 11-9 应付股利审定表

被审计单位:　　　　　　　　　　　　　　索引号:
项目:　　　　　　　　　　　　　　　　　截止日:
编制:　　　　　　　　　　　　　　　　　复核:
日期:　　　　　　　　　　　　　　　　　日期:

| 投资者名称 | 期末未审数 | 账项调整 | | 期末审定数 | 上期未审定数 | 索引号 |
		借方	贷方			
合计						

审计结论:
　　余额可以确认,通过审计程序未见异常。

6. 应付股利明细表

表 11-10　应付股利明细表

被审计单位：　　　　　　　　　　　　　　　　　　　索引号：
项目：　　　　　　　　　　　　　　　　　　　　　　截止日：
编制：　　　　　　　　　　　　　　　　　　　　　　复核：
日期：　　　　　　　　　　　　　　　　　　　　　　日期：

投资者名称	期初余额	本期增加	本期减少	期末余额	备注
合计					
审计说明：					

7. 应付股利凭证交易检查情况表

表 11-11　应付股利凭证交易检查情况表

被审计单位：　　　　　　　　　　　　　　　　　　　索引号：
项目：　　　　　　　　　　　　　　　　　　　　　　截止日：
编制：　　　　　　　　　　　　　　　　　　　　　　复核：
日期：　　　　　　　　　　　　　　　　　　　　　　日期：

日期		凭证编号	业务内容	对应科目	余额		核对内容					备注
月	日				借方	贷方	1	2	3	4	5	

核对内容说明：
1. 原始凭证合法有效，内容正确完整
2. 计提标准符合规定
3. 账务处理正确
4. 与生产经营有关
5. 归属于本期

审计说明：

抽查未发现异常（　）
调整可确认（　）

三、其他应付款审计工作底稿

其他应付款审计工作底稿包括其他应付款实质性程序表、其他应付款审定表、其他应付款明细表、其他应付款替代测试检查表、其他应付款凭证交易检查情况表等。

1. 其他应付款实质性程序表

表 11-12 其他应付款实质性程序表

被审计单位：　　　　　　　　　　　　　　　索引号：
项目：　　　　　　　　　　　　　　　　　　截止日：
编制：　　　　　　　　　　　　　　　　　　复核：
日期：　　　　　　　　　　　　　　　　　　日期：

一、需从实质性程序获取的保证程度					
审计目标	财务报表认定				
1. 审计目标	存在	完整性	权利和义务	计价和分摊	列报
2. 需从实质性程序获取的保证程度	A	B	C	D	E
二、实质性程序					
审计目标	可供选择的实质性程序		是否选择		索引号
D	1. 获取或编制其他应付款明细表： （1）复核加计是否正确，并与报表数、总账数和明细账合计数核对是否相符 （2）检查非记账本位币其他应付款的折算汇率及折算是否正确 （3）分析有借方余额的项目，查明原因，必要时，提请被审计单位进行重分类调整 （4）结合应付账款、其他应收款等往来项目的明细余额，调整异常余额或与本项目核算无关的其他款项 （5）标示重要明细项目				
ACD	2. 判断选择金额较大和异常的明细余额，检查其原始凭证，并考虑向债权人函证。对未回函的重要债权人，编制应付该债权人的增减变动表；必要时，收集该债权人资料，分析其变动的合理性				
BA	3. 请被审计单位协助，在其他应付款明细表上标出截止审计日已支付的金额较大的其他应付款项，确定有无未及时入账的其他应付款。抽查付款凭证、银行对账单等，并注意入账日期的合理性				
AC	4. 检查长期未结的其他应付款，提请被审计单位妥善处理				
	5. 标明应付关联方的款项，执行关联方及其交易审计程序				
	6. 针对评估的舞弊风险等因素增加的审计程序				
E	7. 检查其他应付款是否按照企业会计准则的规定恰当列报				

2. 其他应付款审定表

表 11-13　其他应付款审定表

被审计单位：　　　　　　　　　　　　　　　　索引号：
项目：　　　　　　　　　　　　　　　　　　　　截止日：
编制：　　　　　　　　　　　　　　　　　　　　复核：
日期：　　　　　　　　　　　　　　　　　　　　日期：

项目名称	款项性质或内容	期末未审数	账项调整		重分类调整		期末审定数	上期未审定数	索引号
			借方	贷方	借方	贷方			
一、关联方：									
…									
小计									
二、非关联方									
…									
小计									
合计									

审计结论：
　　余额可以确认，通过审计程序未见异常。

3. 其他应付款明细表

表 11-14　其他应付款明细表

被审计单位：　　　　　　　　　　　　　　　　索引号：
项目：　　　　　　　　　　　　　　　　　　　　截止日：
编制：　　　　　　　　　　　　　　　　　　　　复核：
日期：　　　　　　　　　　　　　　　　　　　　日期：

单位名称（项目）	期末余额			账龄				性质或内容
	原币	汇率	折合人民币	1年以内	1-2年	2-3年	3年以上	
一、关联方								
…								
小计								
二、非关联方								
…								

续表

单位名称（项目）	期末余额			账龄				性质或内容
	原币	汇率	折合人民币	1年以内	1-2年	2-3年	3年以上	
小计								
合计								
审计说明：								

4. 其他应付款替代测试检查表

表 11-15　其他应付款替代测试检查表

被审计单位：　　　　　　　　　　　　　　　　　索引号：
项目：　　　　　　　　　　　　　　　　　　　　截止日：
编制：　　　　　　　　　　　　　　　　　　　　复核：
日期：　　　　　　　　　　　　　　　　　　　　日期：

一、资产负债表日前贷方金额检查									
单位名称	期末余额	测试内容				占余额比例①	检查内容②			
		日期	凭证	摘要	金额		①	②	③	④
…										
检查内容说明：①原始凭证是否齐全；②记账凭证与原始凭证是否相符；③账务处理是否正确；④是否记录于恰当的会计期间。									

二、资产负债表日后的付款检查									
单位名称	期末余额	测试内容				占余额比例①	检查内容②			
		日期	凭证	摘要	金额		①	②	③	④
…										
检查内容说明：①原始凭证是否齐全；②记账凭证与原始凭证是否相符；③账务处理是否正确；④是否记录于恰当的会计期间。									

审计说明：
①根据替代测试的审计目标，替代测试金额应能够涵盖该单位期末余额，即占余额比例不低于100%；一般不需要对借方发生额进行替代测试。②根据审计目标，检查内容主要包括支持被审计单位向被询证单位支付款项义务的审计程序。③根据审计目标，检查内容主要包括支持已于期后向被询证单位支付询证款项的审计证据。

5. 其他应付款凭证交易检查情况表

表 11-16 其他应付款凭证交易检查情况表

被审计单位：　　　　　　　　　　　　　　　　　　　索引号：
项目：　　　　　　　　　　　　　　　　　　　　　　截止日：
编制：　　　　　　　　　　　　　　　　　　　　　　复核：
日期：　　　　　　　　　　　　　　　　　　　　　　日期：

日期		凭证编号	业务内容	对应科目	余额		核对内容					备注
月	日				借方	贷方	1	2	3	4	5	

核对内容说明：
1. 原始凭证合法有效，内容正确完整
2. 计提标准符合规定
3. 账务处理正确
4. 与生产经营有关
5. 归属于本期

审计说明：

抽查未发现异常（　）
调整可确认（　）

第十二章

所有者权益审计

第一节　所有者权益审计的目的

所有者权益是企业投资者对企业净资产的所有权,包括投资者对企业的投入资本及企业存续过程中形成的资本公积、盈余公积和未分配利润。

注册会计师对被审计单位所有者权益进行审计,主要是达到以下目标:

(1) 确定被审计单位有关所有者权益内部控制是否存在、有效且一贯遵守,包括对投资的有关协议、合同和企业章程条款,利润分配的决议、分配方案,会计处理程序等方面的检查,并为被审计单位改善内部控制提供意见或建议。

(2) 确定投入资本、资本公积的形成、增减及其他有关经济业务会计记录的合法性与真实性,为投资者及其他有关方面研究企业的财务结构、进行投资决策提供依据。

(3) 确定盈余公积和未分配利润的形成和增减变动的合法性、真实性,为投资者及其他有关方面了解企业的增值、积累情况等提供资料。

(4) 确定会计报表上所有权益的反映是否恰当。

第二节　所有者权益内控制度测试

注册会计师对所有者权益内部控制制度的实测主要包括:

(1) 确定被审计单位有关所有者权益的内部控制是否存在、有效且一贯遵守,包括对投资的有关协议、合同和企业章程条款,利润分配的决议、分配方案,会计处理程序等方面的检查,并为被审计单位改善内部控制提供意见或建议。

(2) 确定投入资本、资本公积的形成、增减及其他有关经济业务会计记录的准确性和完整性。

第三节 所有者权益审计工作底稿

一、实收资本（股本）的审计工作底稿

实收资本（股本）审计工作底稿包括实收资本（股本）实质性程序表、实收资本（股本）审定表、实收资本（股本）明细表等。

1. 实收资本（股本）实质性程序表

表 12-1 实收资本（股本）实质性程序表

被审计单位：　　　　　　　　　　　　　　　　　索引号：
项目：　　　　　　　　　　　　　　　　　　　　截止日：
编制：　　　　　　　　　　　　　　　　　　　　复核：
日期：　　　　　　　　　　　　　　　　　　　　日期：

一、需从实质性程序获取的保证程度					
审计目标	财务报表认定				
1. 审计目标	存在	完整性	权利和义务	计价和分摊	列报
2. 需从实质性程序获取的保证程度	A	B	C	D	E
注：根据财务报表项目的重要性、评估的各认定的重大错报风险及控制测试（如有）的结果填写					
二、实质性程序					
审计目标	可供选择的实质性程序			是否选择	索引号
D	1. 获取或编制实收资本（股本）明细表： （1）复核加计是否正确，并与报表数、总账数和明细账合计数核对是否相符 （2）以非记账本位币出资的，检查其折算汇率是否符合规定				
AD	2. 检查与投入资本有关的原始凭证、会计记录，查明投资者是否按合同、协议、章程约定的时间和方式缴付出资额，是否已经注册会计师验证。如已验资，应检查验资报告。必要时向投资者函证实缴资本额，以确定投入资本的真实性				
A	3. 结合其他应收款等项目的审计，关注是否存在抽资或变相抽资的情况，如有，取证核实，做恰当处理				

续表

BA	4. 检查被审计单位设立批文、章程、营业执照、董事会决议、股东会决议等法律性文件,确定账簿记录是否与法律性文件一致		
ABD	5. 关注实收资本(股本)增减变动情况是否违反相关法规,会计处理是否正确: (1) 以盈余公积和未分配利润转增资本的,检查是否符合公司法的规定,相关增资手续是否办理及会计处理是否正确 (2) 以资本公积转增资本的,检查是否符合公司法的规定,相关增资手续是否办理及会计处理是否正确 (3) 中外合作经营企业在合作期间归还投资的,审核相关法规的规定,并对已归还投资的发生额逐项检查至原始凭证,检查应用的折算汇率和会计处理是否符合相关规定		
	6. 针对评估的舞弊风险等因素增加的审计程序		
E	7. 检查实收资本(股本)是否按照企业会计准则的规定恰当列报		

2. 实收资本(股本)审定表

表12-2 实收资本(股本)审定表

被审计单位: 　　　　　　　　　　　　　索引号:
项目: 　　　　　　　　　　　　　　　　截止日:
编制: 　　　　　　　　　　　　　　　　复核:
日期: 　　　　　　　　　　　　　　　　日期:

股东名称	期末未审数	账项调整		重分类调整		期末未审数	上期末未审数	索引号
		借方	贷方	借方	贷方			

审计结论:
　　余额可以确认,通过审计未见异常。

3. 实收资本（股本）明细表

表12-3 实收资本（股本）明细表

被审计单位：　　　　　　　　　　　　　　　　　索引号：
项目：　　　　　　　　　　　　　　　　　　　　截止日：
编制：　　　　　　　　　　　　　　　　　　　　复核：
日期：　　　　　　　　　　　　　　　　　　　　日期：

股东名称	期初余额	本期增加	本期减少	期末余额	备注

审计说明：

二、资本公积审计工作底稿

资本公积审计工作底稿包括资本公积实质性程序表、资本公积审定表、资本公积明细表等。

1. 资本公积实质性程序表

表12-4 资本公积实质性程序表

被审计单位：　　　　　　　　　　　　　　　　　索引号：
项目：　　　　　　　　　　　　　　　　　　　　截止日：
编制：　　　　　　　　　　　　　　　　　　　　复核：
日期：　　　　　　　　　　　　　　　　　　　　日期：

一、需从实质性程序获取的保证程度					
审计目标	财务报表认定				
1. 审计目标	存在	完整性	权利和义务	计价和分摊	列报
2. 需从实质性程序获取的保证程度	A	B	C	D	E
注：根据财务报表项目的重要性、评估的各认定的重大错报风险及控制测试（如有）的结果填写。					
二、实质性程序					

续表

审计目标	可供选择的实质性程序	是否选择	索引号
D	1. 获取或编制资本公积明细表,复核加计是否正确,并与报表数、总账数和明细账合计数核对是否相符		
ABD	2. 根据资本公积明细账,对资本/股本溢价的发生额逐项审查至原始凭证,若首次接受委托的单位,应对该明细项目期初余额进行追溯查验: (1) 对资本/股本溢价,应取得董事会会议纪要、股东会决议、有关合同、政府批文,追查至银行收款等原始凭证,结合相关科目的审计,检查会计处理是否正确 (2) 对资本公积转增资本的,应取得董事会会议纪要、股东会决议、有关批文等,检查资本公积转增资本是否符合有关规定,会计处理是否正确 (3) 若有同一控制下企业合并,应结合长期股权投资科目,检查被审计单位(合并方)取得的被合并方所有者权益账面价值和份额与支付的合并对价账面价值的差额计算是否正确,是否依次调整本科目和留存收益		
ABD	3. 根据资本公积明细账,对其他资本公积的发生额逐项审查至原始凭证,若首次接受委托,还应对该明细项目的期初余额进行追溯查验: (1) 检查以权益法核算的被投资单位除净损益以外所有者权益的变动,被审计单位是否已按其享有的份额入账,会计处理是否正确;处置该项投资时,应注意是否已转销与其相关的资本公积 (2) 以自用房地产或存货转换为采用公允价值模式计量的投资性房地产,转换日的公允价值大于原账面价值的,检查其差额是否计入资本公积。处置该项投资性房地产时,原计入资本公积的部分是否已转销 (3) 将持有至到期投资重分类为可供出售金融资产,或将可供出售金融资产重分类为持有至到期投资的,是否按相关规定调整资本公积,检查可供出售金融资产的后续计量是否相应调整资本公积 (4) 以权益结算的股权支付,取得相关资料,检查在权益工具授予日和行权日的会计处理是否正确		
	4. 针对评估的舞弊风险等因素增加的审计程序		
E	5. 检查资本公积的列报是否按照企业会计准则的规定恰当列报		

2. 资本公积审定表

表 12-5 资本公积审定表

被审计单位：　　　　　　　　　　　　　　　　　索引号：
项目：　　　　　　　　　　　　　　　　　　　　截止日：
编制：　　　　　　　　　　　　　　　　　　　　复核：
日期：　　　　　　　　　　　　　　　　　　　　日期：

项目名称	期末未审数	账项调整		重分类调整		期末未审数	上期末未审数	索引号
		借方	贷方	借方	贷方			
合计								
审计结论：								

3. 资本公积明细表

表 12-6 资本公积明细表

被审计单位：　　　　　　　　　　　　　　　　　索引号：
项目：　　　　　　　　　　　　　　　　　　　　截止日：
编制：　　　　　　　　　　　　　　　　　　　　复核：
日期：　　　　　　　　　　　　　　　　　　　　日期：

项目名称	期初余额	本期增加	本期减少	期末余额	备注
一、资本（股本）溢价					
1.					
…					
二、其他资本公积					
1.					
…					
合计					
审计说明：					

三、盈余公积审计工作底稿

盈余公积审计工作底稿包括盈余公积实质性程序表、盈余公积审定表、盈余公积明细表等。

1. 盈余公积实质性程序表

表 12-7 盈余公积实质性程序表

被审计单位：　　　　　　　　　　　　　　　　　　　索引号：
项　　目：　　　　　　　　　　　　　　　　　　　　截止日：
编　　制：　　　　　　　　　　　　　　　　　　　　复　核：
日　　期：　　　　　　　　　　　　　　　　　　　　日　期：

一、需从实质性程序获取的保证程度					
审计目标	财务报表认定				
1. 审计目标	存在	完整性	权利和义务	计价和分摊	列报
2. 需从实质性程序获取的保证程度	A	B	C	D	E
注：根据财务报表项目的重要性、评估的各认定的重大错报风险及控制测试（如有）的结果填写。					
二、实质性程序					

审计目标	可供选择的实质性程序	是否选择	索引号
D	1. 获取或编制盈余公积明细表，复核加计是否正确，并与报表数、总账数和明细账合计数核对是否相符		
BA	2. 获取与盈余公积变动有关的董事会会议纪要、股东会决议以及政府主管部门、财政部门批复等文件资料，并与盈余公积明细表增减变动金额核对		
AD	3. 检查法定盈余公积和任意盈余公积的发生额： （1）检查法定盈余公积和任意盈余公积的集体顺序、计提基数、计提比例是否符合有关规定，会计处理是否正确 （2）取得董事会会议纪要、股东会决议，检查盈余公积的减少是否符合有关规定，会计处理是否正确		
AD	4. 如系外商投资企业，应对储备基金、企业发展基金的发生额逐项审查至原始凭证，审查增减变动是否符合有关规定，会计处理是否正确		
AD	5. 检查中外合作经营企业的利润归还投资是否符合相关法律法规的规定，会计处理是否正确		
	6. 针对评估的舞弊风险等因素增加的审计程序		
E	7. 检查盈余公积的列报是否按照企业会计准则的规定恰当列报		

2. 盈余公积审定表

表 12-8　盈余公积审定表

被审计单位：　　　　　　　　　　　　　　　　　索引号：
项目：　　　　　　　　　　　　　　　　　　　　截止日：
编制：　　　　　　　　　　　　　　　　　　　　复核：
日期：　　　　　　　　　　　　　　　　　　　　日期：

项目名称	期末未审数	账项调整		重分类调整		期末未审数	上期末未审数	索引号
		借方	贷方	借方	贷方			
法定盈余公积								
任意盈余公积								
储备基金								
企业发展基金								
…								
合计								
审计结论： 余额可以确认，通过审计未见异常。								

3. 盈余公积明细表

表 12-9　盈余公积明细表

被审计单位：　　　　　　　　　　　　　　　　　索引号：
项目：　　　　　　　　　　　　　　　　　　　　截止日：
编制：　　　　　　　　　　　　　　　　　　　　复核：
日期：　　　　　　　　　　　　　　　　　　　　日期：

项目名称	期初余额	本期增加	本期减少	期末余额	备注
法定盈余公积					
任意盈余公积					
储备基金					
企业发展基金					
…					
合计					
审计说明：					

四、未分配利润审计工作底稿

未分配利润审计工作底稿包括未分配利润实质性程序表、未分配利润审定表、未分配利润明细表（略）、未分配利润凭证检查情况表等。

1. 未分配利润实质性程序表

表 12-10 未分配利润实质性程序表

被审计单位：　　　　　　　　　　　　　　　　　索引号：
项　　目：　　　　　　　　　　　　　　　　　　截止日：
编　　制：　　　　　　　　　　　　　　　　　　复　核：
日　　期：　　　　　　　　　　　　　　　　　　日　期：

一、需从实质性程序获取的保证程度					
审计目标	财务报表认定				
1. 审计目标	存在	完整性	权利和义务	计价和分摊	列报
2. 需从实质性程序获取的保证程度	A	B	C	D	E
注：根据财务报表项目的重要性、评估的各认定重大错报风险及控制测试（如有）的结果填写。					
二、实质性程序					
审计目标	可供选择的实质性程序				是否选择	索引号
D	1. 获取或编制利润分配明细表，复核加计是否正确，并与报表数、总账数和明细账合计数核对是否相符					
DAB	2. 将未分配利润明细表里的年初数与上年审定数核对是否相符，检查涉及会计政策变更、前期差错更正的董事会会议纪要、股东会及相关文件资料，查明调整后的年初未分配利润是否正确					
DAB	3. 检查以前年度损益调整的内容是否真实、合理，注意对以前年度所得税的影响。对重大调整事项应逐项核实其发生原因、依据和有关资料，复核数据的正确性					
ABD	4. 将未分配利润明细表的本期净利润与审定后的利润表核对，获取与利润分配有关的董事会会议纪要、股东会决议，对照有关规定确认利润分配的合法性，并根据审定的净利润等项目重新计算					
D	5. 了解本年利润弥补以前年度亏损的情况，确定本期末未弥补亏损金额。如果已超过弥补期限，且已因为可抵扣亏损而确认递延所得税资产的，应当进行调整					
	6. 针对评估的舞弊风险等因素增加的审计程序					
E	7. 检查未分配利润是否按照企业会计准则的规定恰当列报					

2. 未分配利润审定表

表 12-11 未分配利润审定表

被审计单位： 索引号：
项目： 截止日：
编制： 复核：
日期： 日期：

项目名称	期末未审数	账项调整		重分类调整		期末未审数	上期末未审数	索引号
		借方	贷方	借方	贷方			
一、上年年末余额								
加：会计政策变更								
前期差错更正								
二、本年年初余额（年初未分配利润）								
三、本期净利润								
四、利润分配								
减：1. 提取盈余公积								
2. 对所有者（股东）的分配								
3. 其他								
五、所有者权益内部结转								
加：1. 盈余公积弥补亏损								
2. 其他								
六、本年年末余额								
审计结论：
通过调整，余额可以确认。								

3. 未分配利润凭证检查情况表

表 12–12　未分配利润凭证检查情况表

被审计单位：　　　　　　　　　　　　　　　　索引号：
项目：　　　　　　　　　　　　　　　　　　　截止日：
编制：　　　　　　　　　　　　　　　　　　　复核：
日期：　　　　　　　　　　　　　　　　　　　日期：

日期		凭证编号	业务内容	对应科目	金额		核对内容					备注
月	日				借方	贷方	1	2	3	4	5	
核对内容说明： 1. 原始凭证合法有效，内容正确完整 2. 有授权批准且适当 3. 账务处理正确 4. 与生产经营有关 5. 归属于本期							审计说明： 抽查未发现异常（　） 调整可确认（　）					

参考文献

1. 郭道扬. 会计史研究：历史·现时·未来：第1卷［M］. 北京：中国财政经济出版社，2004.
2. 郭道扬. 会计史研究：历史·现时·未来：第2卷［M］. 北京：中国财政经济出版社，2004.
3. 郭道扬. 郭道扬文集［M］. 北京：经济科学出版社，2009.
4. 刘国常. 注册会计师审计责任问题研究［M］. 北京：中国科学文化出版社，2001.
5. 文硕. 世界审计史［M］. 北京：企业管理出版社，1998.
6. 李凤鸣. 审计学原理［M］. 3版. 上海：复旦大学出版社，2006.
7. 谭湘. 农村换届审计［M］. 广州：华南理工大学出版社，2015.
8. 彭新媛. 审计理论与实务［M］. 北京：中国人民大学出版社，2017.
9. 李晓慧，高伟. 审计工作底稿编制个案［M］. 上海：上海财经大学出版社，2003.
10. 中国注册会计师协会. 审计［M］. 北京：中国财政经济出版社，2000—2019.
11. 王生根. 审计实务［M］. 2版. 北京：高等教育出版社，2014.
12. 邢玉敏. 审计实务［M］. 北京：北京交通大学出版社，2010.
13. 张永国. 财务审计［M］. 大连：东北财经大学出版社，2018.